W0308415

Matthias Engelman

BERUFSWAHL SUCKS!

1. Auflage

BERUFSWAHL SUCKS!

So meisterst Du Deine Berufs-, Ausbildungs- und Studienwahl

Matthias Engelman

Impressum

Texte: © Copyright by Matthias Engelman
Umschlag: © Copyright by creativelog
Titelbild: © Peshkova – shutterstock.com

Verlag: Matthias Engelman
Wiedenhof 33
51491 Overath
team@karriere-navi.de
Druck: epubli ein Service der
neopubli GmbH, Berlin

Printed in Germany
Bibliografische Information der Deutschen Nationalbibliothek

Die Deutsche Nationalbibliothek verzeichnet diese Publikation in der Deutschen Nationalbibliografie; detaillierte bibliografische Daten sind im Internet über http://dnb.d-nb.de abrufbar.

Disclaimer

Die Inhalte dieses Buches wurden mit größter Sorgfalt erstellt. Für die Richtigkeit, Vollständigkeit und Aktualität der Inhalte können wir jedoch keine Gewähr übernehmen. Dieses Buch enthält Links zu externen Webseiten Dritter, auf deren Inhalte wir keinen Einfluss haben. Deshalb können wir für diese fremden Inhalte auch keine Gewähr übernehmen. Für die Inhalte der verlinkten Seiten ist stets der jeweilige Anbieter oder Betreiber der Seiten verantwortlich. Die verlinkten Seiten wurden zum Zeitpunkt der Verlinkung auf mögliche Rechtsverstöße überprüft. Rechtswidrige Inhalte waren zum Zeitpunkt der Verlinkung nicht erkennbar. Eine permanente inhaltliche Kontrolle der verlinkten Seiten ist jedoch ohne konkrete Anhaltspunkte einer Rechtsverletzung nicht zumutbar. Bei Bekanntwerden von Rechtsverletzungen werden wir derartige Links umgehend entfernen.

Inhaltsverzeichnis

1. Einleitung

Bald hast du es geschafft. Die letzten Schulwochen neigen sich dem Ende zu. Die Schule ist nach vielen (vielleicht qualvollen) Jahren endlich vorbei. Jetzt musst Du nur noch Deine Abschlussprüfungen bestehen. Wenn Du sie bestanden hast, bist Du komplett fertig mit der Schule. Du hast jahrelang darauf hingearbeitet und jetzt hast Du endlich Deinen Schulabschluss in der Tasche. Ein geiles Gefühl, oder?!

Deine gesamte Schullaufbahn war vorgegeben und jetzt hast Du endlich die Möglichkeit genau das zu machen, worauf Du Bock hast. Eine komplett neue Zeit liegt vor Dir, ein neuer Lebensabschnitt beginnt. Aber wie gestaltest Du ihn? Wie soll es nach der Schule bloß weitergehen? Welcher Beruf passt zu Dir? Strebst Du ein Studium, eine Ausbildung oder doch etwas komplett anderes an? Vielleicht zieht es Dich auch zunächst ins Ausland, um einzigartige Erfahrungen zu sammeln.

Deine Aufgabe heißt jetzt auf jeden Fall: Die Berufswahl meistern, Deine berufliche Laufbahn so gestalten, dass Du Dich später in einem Job wiederfindest, der Dir Spaß macht, der Dir einen Grund gibt, jeden Morgen gerne aufzustehen!

In diesem Buch werde ich Dir Tipps geben und Tricks zeigen, die Dir dabei helfen werden, genau das zu erreichen. Was gibt es Geileres, als später im Beruf genau die Dinge zu tun, die Dir auch wirklich Spaß machen?
Das Buch ist wie eine Art Schritt-für-Schritt-Anleitung aufgebaut, damit Du Deine Berufs-, Ausbildungs- und Studienwahl ohne Probleme meistern kannst.
Ich werde Dir verraten, wie ich trotz anfänglicher Schwierigkeiten den perfekten Studiengang und meinen Traumberuf gefunden habe. Der Weg bis dahin war gepflastert mit Stolpersteinen, mit Hindernissen, die es unbedingt zu überwinden galt!
Meine Strategie kannst Du für Deinen eigenen, individuellen Berufswahlprozess adaptieren. Egal, ob Du Dich gerade noch in der Schule befindest, die Schule abgeschlossen oder bereits ein Studium oder eine Ausbildung abgebrochen hast. Du absolvierst bereits ein Studium, dass Dir Spaß macht, bist Dir aber noch unsicher, wie es danach weitergehen soll? Auch dann kann Dir dieses Buch dabei helfen, wichtige Impulse für Deine Zukunft zu gewinnen.

ABER ACHTUNG: Der Erfolg dieses Buches und der Erfolg Deiner Berufswahl hängt maßgeblich von

Deiner Mitarbeit ab! Die volle Verantwortung für Deine Lebensgestaltung liegt bei DIR! Wenn Du allein die Gesellschaft, Deine Lehrer, Deine Eltern, die Politik, mich oder sonst wen in der Pflicht siehst, Dich zu informieren, zu motivieren und zu Deinem Glück zu tragen, wird es nicht funktionieren! (Dann kannst Du dieses Buch direkt schließen und Dich gleich wieder zudecken.)

Mein Tipp an dieser Stelle: Lege Dir einen Arbeitsordner für Deinen gesamten Berufswahlprozess an! So bewahrst Du alle Erkenntnisse, die Du sammelst, an einem zentralen Ort auf und fängst nicht jedes Mal, wenn Du Dich mit dem Thema Berufswahl beschäftigst bei 0 an. Wenn Du Dir beim Lesen Notizen machen möchtest, findest Du freie Seiten am Ende dieses Buches. Lass uns direkt starten!

1.1 So sieht die Realität aus?!

Idealerweise fängst Du früh damit an, Dich auf Deine Abschlussprüfungen in der Schule vorzubereiten, um die Klausurphase möglichst ohne Stress hinter Dich zu bringen.
Nebenbei beschäftigst Du Dich natürlich frühzeitig mit unterschiedlichen Berufen. In Deinen Schulferien hast Du bereits diverse Praktika absolviert, um zahlreiche Berufe und Branchen kennenzulernen. Schon bevor Deine Schulzeit vorbei ist, hast Du bereits herausgefunden, was am besten zu Dir passt, hast Deinen Traumberuf und darauf aufbauend den passenden Bildungsweg für Dich entdeckt. Selbstverständlich hast Du auch Deine Wahlfächer darauf abgestimmt und Dir damit die idealen Voraussetzungen für erste Bewerbungen geschaffen.
So zumindest die Theorie und häufig auch die Erwartung unserer Eltern.
Sieht Deine Realität komplett anders aus? Willkommen im Club! Den meisten Schulabgängern geht es so wie Dir. Nach einer Allensbach-Studie haben nur knapp ein Drittel der Schüler konkrete Vorstellungen davon, was sie nach dem Schulabschluss machen wollen. 20% haben keine Ahnung, welcher Beruf für sie geeignet ist. Nur die Hälfte der Schüler

fühlt sich ausreichend über ihre beruflichen Möglichkeiten informiert.
Woher sollst Du denn auch jetzt schon wissen, was Dich interessiert und wo Deine berufliche Reise hingehen soll?

Die gewonnene Entscheidungsfreiheit durch den Schulabschluss ist zwar schön und gut, aber als Schüler haben wir in der Regel noch keine konkrete Vorstellung davon, welcher Berufsweg der richtige für uns ist und wie wir am besten an das Thema Berufswahl herangehen.

Laut dem Deutschen Zentrum für Hochschul- und Wissenschaftsförderung sowie Statista ziehen 25% der Schulabgänger Ihre Ausbildung nicht durch. Ganze 28% brechen Ihr Studium frühzeitig ab.
Oftmals ist das Interesse an dem selbst gewählten Studium oder der Ausbildung doch nicht so groß, wie zunächst gedacht. Der Frust ist groß, die Zeit vertan, viel Geld vergeudet. Die Unsicherheit quält mehr denn je. Die Suche beginnt von vorne. Das gilt sogar für viele, die ihre Ausbildung oder ihr Studium abschließen.
Nach dem Schulabschluss besteht die größte Angst darin, nicht den richtigen Beruf zu finden und eine

falsche Entscheidung über die Zukunft zu treffen, die man im Nachhinein bereut.
Fühlst Du Dich verunsichert? Gut! Denn nur, wer sich rechtzeitig selbst in Frage stellt, hat die Chance, einen Bildungsweg und einen Job zu finden, der perfekt zu den persönlichen Interessen und Erwartungen passt!

Fakt ist: Als Schulabgänger haben wir keine realistische Vorstellung von dem, was in der Ausbildung, dem Studium oder dem Beruf auf uns zukommt! Die wenigen Eindrücke, die wir bisher gewinnen konnten, spiegeln immer nur Ausschnitte eines Berufes wieder oder beruhen auf einzelnen, ganz persönlichen Erfahrungen und Bewertungen derer, die uns von Ihrem Berufsleben erzählt haben – Eltern, Lehrer, Bekannte oder Berufsberater. Was wir kennen oder glauben zu kennen, weil uns schon jemand etwas darüber erzählt hat, macht uns weniger Angst. Gut gemeinte Ratschläge von Vertrauenspersonen geben uns Mut und Zuversicht. Aber Vorsicht, diese Ratschläge sollten gut hinterfragt werden! Vielleicht würdest Du die gleichen Erfahrungen völlig anders bewerten.

Du musst wissen: Alles, was Du ungerne tust, kostet Dich Kraft. Du wirst langsamer, unkonzentrierter. Alles, was Du gerne tust, bereitet Dir Freude und wird Dir leichter von der Hand gehen. Du bist täglich aufs Neue motiviert – fast ganz von alleine. Was glaubst Du, unter welchen Umständen Du eher Dein angestrebtes Gehalt bekommen wirst?
Wenn wir uns an das Thema Berufswahl heranwagen, stehen wir als Schüler vor ganz unterschiedlichen Herausforderungen und befinden uns womöglich in einer ganz anderen Ausgangssituation als unsere Freunde. Manche können sich noch nicht entscheiden, ob sie ein Studium oder eine Ausbildung absolvieren möchten und anderen fällt es schwer, sich zwischen unterschiedlichen Studienalternativen zu entscheiden.
Findest Du Dich in einem der folgenden Szenarien wieder?

- Du hast Dir noch keinen Kopf darübergemacht, was Dir Spaß machen könnte und weißt nicht genau, wo Du anfangen sollst?
- Du hast bereits viel recherchiert, bist erschlagen von der Informationsflut und

schlichtweg überfordert mit der Berufsorientierung?

- Du stehst als Schüler unter hohem Druck zu lernen, gute Noten zu schreiben, und zusätzlich drängeln Dich Deine Eltern dazu, eine Entscheidung zu treffen?
- Du weißt schon genau was Du willst, hast Deine Ziele vor Augen und Dir fehlt nur noch die konkrete Strategie, mit der Du diese erreichen kannst?
- Du bist ein absolutes Genie in der Schule, kannst alles gut, aber weißt nicht, was Dir in Zukunft am meisten Spaß machen würde?
- Du hast so viele verschiedene Ideen, dass Du gar nicht weißt, wo Du anfangen sollst?

Vor wenigen Jahren war ich selbst in der Situation, dass ich mich in der Oberstufe und meinem Abitur befunden habe und noch überhaupt keinen Plan hatte, wohin meine berufliche Reise gehen sollte. Neben dem Druck und Stress, gute Noten zu schrei-

ben, plagte mich die Angst, dass ich nicht den richtigen Beruf und nicht den passenden Studiengang finde.
Während meines Abiturs habe ich mich viel über unterschiedliche Berufsmöglichkeiten informiert, aber ich kam irgendwie nie wirklich weiter. Ich hatte das Gefühl, ständig bei 0 anzufangen. Was mir zu dem Zeitpunkt gefehlt hat, war eine klare Struktur, eine klare Herangehensweise, an der ich mich Schritt für Schritt orientieren konnte.
Viele Berufstests und Beratungsgespräche haben mir nicht direkt weitergeholfen. In den meisten Fällen wurden mir unterschiedliche Berufsalternativen vorgeschlagen, mit denen ich mich überhaupt nicht identifizieren konnte. Ich wollte kein Ingenieur werden, nur, weil ich gut in Mathematik und Physik war. Auch wenn mir diese Fächer immer sehr einfach vorkamen, haben sie mir nicht unbedingt am meisten Spaß gemacht.
Die Verunsicherung hat sich direkt in meiner Stimmung bemerkbar gemacht. Ich bin damals eher gestresst und unmotiviert an meine eigene Berufsorientierung herangegangen, empfand das Ganze eher als lästig und nervig. Außerdem hatte ich eigentlich gar keine Zeit dazu. Kurz gesagt war ich der Meinung: Berufswahl sucks!

Naja... ich werde Dir jetzt zeigen, wie sich meine Denkweise doch sehr verändert hat.

1.2 Ahnungslosigkeit als Chance

Wenn Du noch nicht genau ganz weißt, wo Deine berufliche Reise hingehen soll, gibt es natürlich tausend Gründe dafür, jetzt beunruhigt oder genervt zu sein. Mitten im Klausurstress plagt Dich die Angst, dass Du nicht den richtigen Job findest. Minute für Minute rennt Dir die Zeit davon.

Ich bin sehr zuverlässig, dass ich Dir in diesem Kapitel Deine Verzweiflung nehmen kann!

„Der Erleuchtung geht immer Irritation voraus"
Milton H. Erickson
– das gilt auch für Deine Berufswahl!

Du solltest Deine Situation als eine große Chance betrachten. Deine gesamte Schullaufbahn war vorgegeben. Jetzt hast Du endlich die Chance, das zu machen, worauf Du wirklich Bock hast.
Du kannst Dich fast nur noch mit Themen auseinandersetzen, die Dich auch wirklich interessieren. Geschichte & Französisch waren nie Deine Lieblingsfächer?! Glückwunsch, jetzt hast du's geschafft – Du kannst sie für immer hinter Dir lassen! Physik & Chemie war bisher das einzige, was Dich in der

Schule wirklich interessiert hat? Glückwunsch! Jetzt kannst Du Dich voll darauf konzentrieren!

Noch nie gab es so viele Möglichkeiten. Das gilt zum einen für die Vielzahl spannender Berufe, aber zum anderen auch für die Chance, sich zu informieren und beraten zu lassen.

Und beachte: Nicht jeder ist in dieser glücklichen Situation. Nicht jeder hat die Möglichkeit, zwischen unterschiedlichen Berufen zu entscheiden. Es ist ein Privileg, die „Qual der Wahl zu haben", auch wenn genau die Dich gerade vielleicht völlig irritiert.
Natürlich fällt es Dir scher, auf die Schnelle herauszufinden und zu beschreiben, welche Interessen, Stärken und Bedürfnisse Du hast – welche Erwartungen Du an Deinen späteren Berufsalltag und das Berufsumfeld stellst.

Wichtig ist hier eine strukturierte Herangehensweise an das Thema Berufswahl!

Wieso? – Ganz einfach: Wenn Du mittendrin startest, wird Dich die Informationsflut im Internet, aus

dem Kreise Deiner Freunde oder Deiner Familie erschlagen! ... und Du kommst, wenn überhaupt, nur sehr langsam voran.
Sehr gut, Du hast Dir dieses Buch gekauft! Das heißt, dass Du den ersten Schritt auf Deinem Weg zum Traumjob bereits gemacht hast und vielen anderen Schülern einen Schritt voraus bist.
Du setzt Dich bewusst mit Deiner Situation auseinander. Viele Schüler verpassen die Chance, selbst aktiv zu werden und lassen andere für sich entscheiden. Notgedrungen oder ohne intensiv darüber nachgedacht zu haben, schreiben Sie sich für ein Studium ein oder beginnen mit einer Ausbildung.
Vor allem deswegen kommt es zu den hohen Abbruchquoten im Studium und in der Ausbildung.

Erspare dir also eine Menge Zeit, Geld und Stress. Wenn du dich intensiv mit deiner Berufswahl auseinandersetzt und Eigeninitiative zeigst, kommst du deinem Traumjob immer näher. Versprochen!

Und eins kann ich dir sagen: Jede Mühe lohnt sich. Du wirst es spätestens dann merken, wenn du jeden Morgen gerne zur Arbeit gehst, während die meisten Deiner Kollegen sich aus dem Bett quälen

und in einem Job gefangen sind, auf den Sie eigentlich keinen Bock haben.
Sieh deine Ahnungslosigkeit als perfekte Basis dafür, deine Berufswahl von Grund auf Schritt für Schritt anzugehen.
Nimm dir für diese wichtige Entscheidung ausreichend Zeit. Ein Drittel Deiner späteren Lebenszeit wirst du im Job verbringen. Sogar die Hälfte Deiner Wachzeit. Ganz abgesehen davon, dass Dich Dein Job auch in Deiner Freizeit beschäftigen und stressen kann, wenn Du Ihn nicht gerne machst.

Erst als ich mir dessen bewusstwurde, hat sich meine Einstellung zum Thema Berufswahl grundlegend geändert. Schlagartig bin ich mit einem freien Kopf und mit einer ganz anderen Motivation an meine Berufswahl herangegangen. Schnell habe ich gemerkt, dass man in dieser Phase seines Lebens viel über sich selbst lernen kann. Ich habe mir fest vorgenommen, meine Zukunft selbst zu gestalten!

1.3 Die 7 klassischen Fehler bei der Berufswahl

Bevor wir uns im Anschluss an dieses Kapitel ganz strukturiert Deiner Berufs-, Ausbildungs- und Studienwahl widmen, möchte ich Dir unbedingt 7 klassische Fehler vorstellen, die es bei der Berufswahl grundsätzlich zu vermeiden gilt!

Stell Dir nur einmal vor, Du beginnst Dein Studium oder Deine Ausbildung. Nach 3 Monaten oder gar einem Jahr merkst Du, dass es doch irgendwie nicht das Richtige für Dich ist. Du bist womöglich ausgezogen, hast viel Geld für eine Wohnung, Deine Studiengebühren bezahlt und Du brichst Dein Studium bzw. Deine Ausbildung ab! Viel Geld ist verloren, Zeit ist vergeudet und der gesamte Stress Deiner Berufswahl fängt wieder von vorne an. Außerdem wirst Du erst später in Deinem Leben anfangen Geld zu verdienen. Das alles hättest Du Dir sparen können! Besprechen wir aus diesem Grund jetzt direkt die klassischen Stolpersteine:

Fehler 1: Unstrukturiert auf die Suche gehen

Wir haben es bereits angesprochen: Wer mit dem falschen Schritt anfängt oder unstrukturiert an das

Thema Berufsorientierung herangeht, wird meist erschlagen von einer Informationsflut. Im Internet finden sich unzählige, oft widersprüchliche Informationen. Von der Familie und von Freunden wirst Du mit gut gemeinten Ratschlägen überschüttet. Solltest Du studieren oder doch lieber eine Ausbildung machen? Welcher Studiengang ist am interessantesten? Jeder hat hier seine ganz persönliche Meinung, die von der individuellen Persönlichkeit Deines Ratgebers abhängig ist.

Fakt ist: Die hohen Abbruchquoten im Studium und in der Ausbildung sind ein Beweis dafür, dass viele Schüler entweder falsch oder nicht ausreichend informiert sind.

Fehler 2: Sich von Eltern, Freunden oder Lehrern fehlleiten lassen

Natürlich sollst Du Dich bei Deinen Eltern, Freunden oder Lehrern ausführlich über bestimmte Jobs informieren. Womöglich haben Sie bereits Erfahrungen gemacht, von denen Du profitieren kannst oder Sie geben dir vielleicht völlig neue Impulse. Achte jedoch unbedingt darauf, dass Du Dir sachliche Informationen beschaffst. Jegliche Bewertungen wie „meine Arbeit ist voll kacke, weil ich bei Wind und Wetter draußen arbeite" solltest Du außeracht lassen. Womöglich hättest Du genau daran große Freude?!

Fehler 3: Die Glaubenssätze anderer übernehmen

Über unsere Kindheit hinweg haben wir uns unterschiedliche Glaubenssätze bzw. Überzeugungen angeeignet. Wir alle kennen die Sprüche: „Alle Beamten sind faul." „Als Selbstständiger kann man seine Familie nicht ernähren" usw.
Insbesondere bei der Berufswahl, sollte man sich von den Überzeugungen des privaten Umfelds lösen. Hinterfrage auch Deine Überzeugungen! Vielleicht ist eine Selbstständigkeit später genau das Richtige für Dich, um eine erfolgreiche Karriere zu starten? Aber auch wenn der Vater erfolgreich studiert hat, muss das für Dich nicht der richtige Weg sein.

Fehler 4: Sich an Trends oder Verdienstmöglichkeiten orientieren

Viele Schüler orientieren sich bei der Berufswahl nicht an Ihren Interessen und Bedürfnissen, sondern vielmehr oder alleine an vermeintlich guten Berufschancen und hohen Verdienstmöglichkeiten. Aber aufgepasst!
Niemand kann Dir sicher prognostizieren, welche Jobs oder Fachrichtungen in 5 oder 10 Jahren auf dem Arbeitsmarkt besonders gefragt sind. Geschweige denn, die Verdienstmöglichkeiten vorhersagen. Die Wirtschaft unterliegt ständigen Veränderungen.
Zudem gibt es eine Vielzahl weiterer Gründe, sich nicht an diesem Kriterium zu orientieren. Wenn Du einen Job findest, der Dir Spaß macht, wirst Du motivierter arbeiten. Deine Arbeit wird Dir leichter fallen als anderen und Du erreichst automatisch ein höheres Leistungsniveau. Und Du hast es vermutlich schon geahnt: Deine Chancen, später einmal gut zu verdienen, steigen!

Fehler 5: Die Persönlichkeit steht nicht im Mittelpunkt

Das vorherige Szenario ist ein perfektes Beispiel für den Fehler, die eigene Persönlichkeit nicht in den Mittelpunkt der Berufsentscheidung zu stellen. Bevor Du eine Entscheidung triffst, solltest Du Dich intensiv mit Deiner Persönlichkeit, also Deinen Interessen, Stärken, Bedürfnissen und Talenten auseinandersetzen. Damit meine ich NICHT, dass Du Dich allein an guten Schulnoten orientieren sollst!
Überleg einmal, welche Erwartungen Du an Deinen Berufsalltag oder Dein Arbeitsumfeld hast.
Je besser Du Dich selbst kennst, desto klarer zeigt sich, welcher Beruf und welches Umfeld am besten zu Dir passen!

Fehler 6: Der Irrglaube, dass man nicht mehr wechseln kann

Du bist 3 Monate oder gar ein Jahr im Studium und merkst, dass das gewählte Studium nicht das richtige ist? Dann solltest Du die Option, das Studium abzubrechen, vielleicht in Betracht ziehen, bevor Du Dich so lange quälst, bis dass Du krank wirst. Stell Dir nur einmal vor, wie es sein wird, wenn Du Dein

Studium durchgezogen hast und später in einem Beruf arbeitest, der überhaupt nicht zu Dir passt. Die Arbeit macht Dir keinen Spaß, auch wenn die Bezahlung vielleicht gut ist. Deine Unzufriedenheit im Job belastet Dich auch in Deiner Freizeit und wirkt sich auf Dein privates Umfeld aus.
Heutzutage ist es auch nicht mehr so, dass Du 40 Jahre in einem Beruf „gefangen" bist, wenn Du Dich einmal für diesen entschieden hast. Also keine Angst bei der Berufswahl! Du hast so viele Möglichkeiten, einen Beruf, die Branche oder einfach nur den Arbeitsplatz zu wechseln. Und häufig ist das, was Du vorher gelernt hast auch nützlich für die zweite, deutlich bessere Wahl.

Fehler 7: Aufschieberietis

Das Thema Berufswahl immer weiter aufzuschieben ist zweifelsohne einer der größten Fehler, die viele Schüler machen. Du weißt nicht, wo und wie Du anfangen sollst? Du zögerst es immer weiter hinaus, Dich damit zu beschäftigen? Das ist genau der falsche Weg. Sich notgedrungen für ein Studium einzuschreiben oder erst einmal ins Ausland zu gehen, um weiter über die persönliche Situation nachzudenken, ist nicht unbedingt die beste Lösung.

Nachdem Du dieses Kapitel gelesen hast, bin ich aber sehr zuversichtlich, dass Du Dein Glück selbst in die Hand nimmst und die oben genannten Fehler vermeidest!

1.4 Dein eigener Karriere-Navi

Was mir bei meiner eigenen Berufsorientierung zunächst gefehlt hat, war eine klare Struktur, eine klare Herangehensweise, wie ich das Thema wirklich Schritt für Schritt abarbeiten kann. Fehler Nr. 1 traf bei mir vermutlich am meisten zu. Ich war schlichtweg erschlagen von der Informationsflut im Internet und konnte nur auf einer Stelle treten. Direkt habe ich mich in meine Berufswahl gestürzt, direkt habe ich mich über unterschiedliche Studiengänge informiert.
Irgendwann ist mir aufgefallen, dass ich elementare Schritte übersprungen hatte. Daraufhin habe ich mich komplett neu geordnet, eine klare Strategie, einen eigenen Schlachtplan entwickelt.

Eine Sache vorweg: Meine eigene Strategie hat mir zwar super geholfen, sie ist jedoch nicht die ultimative Lösung für Dich. Sie hilft Dir aber dabei, Deine eigene Strategie und Deinen eigenen Karriere-Navi zu entwickeln, an dem Du Dich im gesamten Berufswahlprozess orientieren kannst! Hier gibt es kein Richtig oder Falsch. Die Strategie, die ich Dir gleich vorstellen werde, kannst Du also noch um einzelne

Punkte ergänzen und auf Deine individuelle Situation abstimmen.

Meine Strategie kannst Du als eine Art „5-Schritte-Plan“ verstehen.

1. IST-Situation analysieren

Zunächst habe ich meine IST-Situation sehr detailliert analysiert. Wo stehe ich gerade? Was ist überhaupt mein Problem, wobei habe ich noch Schwierigkeiten und was sorgt für mein unwohles Gefühl? Ich habe mich zwar schon über unterschiedliche Berufs- und Studienalternativen informiert, kannte aber noch nicht wirklich meine Persönlichkeit, also meine Interessen, Stärken, Talente und Erwartungen, die ich an das Berufsleben stelle.
Sobald Du Deine Ausgangssituation genau kennst, hilft Dir dieses Buch dabei, eine passende Lösung zu finden und zu entwickeln. Aus der Analyse Deiner aktuellen Situation kannst Du dann ganz konkreten Ziele ableiten. Ziele für Deine gesamte Berufswahl und alle zukünftigen Karrierepläne.

Um Dir ein Beispiel zu nennen:
„Ich habe noch überhaupt keine Vorstellung davon, welche Stärken und Talente ich habe (Problem). In der nächsten Zeit möchte ich zu aller erst mehr über mich selbst, meine eigene Persönlichkeit herausfinden (Ziel).“

Im ersten Schritt verschaffen wir uns also zunächst Problembewusstsein und zeigen darauf aufbauend Handlungsbereitschaft durch die Formulierung klarer Ziele.

2. Persönlichkeit reflektieren

Unabhängig davon, in welcher Situation Du Dich gerade befindest, sollte die Analyse Deiner eigenen Persönlichkeit der Dreh und Angelpunkt Deiner gesamten Berufswahl sein.
Lass Dir einmal folgende Fragen durch den Kopf gehen: Was macht ausgerechnet Dich so besonders? Welches sind Deine persönlichen Fähigkeiten und Talente? Was für ein Mensch bist Du?
Besonders wichtig ist die Frage: Welche Bedürfnisse hast Du, welche Interessen und Stärken lassen sich daraus ableiten?
Mit diesen Fragen solltest Du Dich intensiv auseinandersetzen, um einen passenden Bildungsweg,

den Beruf, der Dir langfristig Spaß bereitet und ein Berufsumfeld zu finden, in dem Du Dich wohlfühlst.
Warum die Analyse Deiner individuellen Persönlichkeit so enorm wichtig ist und wie Du diese am besten angehen solltest, das erfährst Du in den nächsten Kapiteln! Ich werde Dir verraten, wie ich mir innerhalb kürzester Zeit Klarheit über meine eigene Persönlichkeit verschafft habe.

3. Definiere Deine Ziele & Wunschvorstellungen

Sobald Du Dir Klarheit darüber verschafft hast, wer Du überhaupt bist und was Dich so besonders macht, bist Du beim nächsten Schritt angelangt. Aus Deiner Persönlichkeit lassen sich nun Kriterien ableiten, die bei Deiner Berufswahl entscheidend sind! So kannst Du Deine Ziele und Wunschvorstellungen in Bezug auf Dein Berufsumfeld und Deinen Berufsalltag definieren.
Du kannst bewusst zwischen unterschiedlichen Berufsalternativen abwägen und Dich für den passenden Beruf entscheiden. Kennst Du bereits Deine persönlichen Ziele und Motivatoren für die nächsten Jahre, so kannst Du zusätzlich erste berufliche Ziele

definieren.
Aufgrund meines hohes Leistungsanspruches habe ich mir persönlich zum Ziel gesetzt, in Zukunft in einem Unternehmen als Führungskraft tätig zu sein. Es motiviert mich, selbstständig Entscheidungen zu treffen, Einfluss und Verantwortung für andere Mensch zu übernehmen. Aufgrund meiner hohen Wettkampforientierung versuche ich mich immer wieder mit Freunden oder anderen Menschen zu messen, um das Maximum aus mir herauszuholen. Im Vertrieb kann ich diese Eigenschaft hervorragend ausleben.

4. Finde die passende Strategie

Du hast Dich „selbst-bewusst“ für einen passenden Beruf entschieden? Perfekt! Dann musst Du jetzt noch die passende Strategie finden, um ihn auch wirklich zu erreichen. Grundsätzlich gibt es mehrere Wege, wie Du den angestrebten Beruf bzw. Dein Ziel erreichen kannst. Der Weg ist natürlich abhängig von Deiner aktuellen IST-Situation. Stelle Dich darauf ein, dass Du gegebenenfalls einen kleinen Umweg gehen musst. Dir fehlt noch das notwendige

Fachabitur? Worauf wartest Du noch? Bist Du bereit, für Deinen Traumjob noch ein paar Jahre die Schulbank zu drücken?

Aber Achtung! Auch bei der Wahl des Bildungsweges gibt es einige Stolpersteine, über die Du Dir im Vorfeld intensiv Gedanken machen solltest. Es kann beispielsweise sein, dass Dir ein und derselbe Studiengang an der einen Universität Spaß macht und der anderen eben nicht. Woran liegt das? Die Unterschiede in den Rahmenbedingungen der jeweiligen Bildungswege sind einfach enorm. Du solltest also schon im Vorfeld wissen, ob Du beispielsweise eher der Typ für eine Ausbildung oder ein Studium bist, ob eher das Studium an einer Universität oder das Studium an einer Hochschule besser zu Dir passt. In Frage kommt schließlich auch eine handwerkliche, kaufmännische oder wissenschaftliche Ausrichtung.

Schon vor meinem Studienbeginn wusste ich, dass das Studium an einer Fachhochschule genau wie das duale System besser zu mir passt, als das Studium an einer Universität.

5. Ins Handeln kommen

Wenn wir uns jetzt ein Navi vorstellen, dann haben wir zunächst per GPS unseren Standort, unsere IST-Situation, definiert. Im Anschluss haben wir unser Ziel formuliert und den passenden Weg, die passende Strategie gefunden, wie wir dieses auch erreichen. Wir haben gemerkt, dass die schnellste Route nicht immer die beste ist. Es bringt uns jedoch alles nichts, wenn wir jetzt nicht aufs Gaspedal drücken und endlich losfahren, wenn wir einfach nicht ins Handeln kommen. In diesem letzten Schritt der Berufswahl gibt es viele unterschiedliche Dinge zu beachten. Wie sorgst Du dafür, dass Du Dich regelmäßig mit Deiner Berufswahl auseinandersetzt? Wie terminierst Du Dir Dein weiteres Vorgehen? Wo informierst Du Dich über ausgeschriebene Ausbildungs- oder Studienplätze? Wann wirst Du Dich wo bewerben? Wie sehen die Bewerbungsfristen aus? Deinem Zeitmanagement und Deinem Vorgehen werden wir uns im letzten Kapitel nochmals intensiv widmen.

Beginne nun mit Hilfe dieses Buches damit, Dir Deinen eigenen, ganz persönlichen Karriere-Navi zu erstellen. Auf diesen kannst Du natürlich auch immer wieder zurückgreifen, wenn Du in Zukunft berufliche Entscheidungen triffst. Auch wenn Du Dich beruflich neuorientierst oder darüber nachdenkst, eine angebotene Stelle zu übernehmen, solltest Du umfassend Deine Persönlichkeit reflektieren. Gegebenenfalls verändern sich auch Deine Interessen und dementsprechend Deine Ziele und Wunschvorstellungen.

Bewahre alle Erkenntnisse in Deinem Arbeitsordner zur Berufswahl auf.
Auf die einzelnen Aspekte meiner Strategie gehen wir in den folgenden Kapiteln explizit ein.

2. Erste Selbstreflexion durchführen

Zunächst steht die erste Selbstreflexion auf dem Plan. Die Selbstreflexion verknüpft die Analyse Deiner IST-Situation mit der Reflektion Deiner Persönlichkeit. Wir werden in diesem Kapitel gemeinsam herausfinden, was Du bisher schon alles über Dich selbst, Deine persönlichen und beruflichen Ziele sowie Deine Anforderungen an Deinen späteren Beruf weißt.
Auch wenn Du es Dir jetzt noch nicht vorstellen kannst, Du weißt bereits eine Menge!

Anhand von verschiedenen Fragen und Übungen helfe ich Dir auf die Sprünge! Dafür haben wir einen eigenen Quick-Check entwickelt. Diesen kannst Du natürlich stets um eigene Aspekte ergänzen. Solange es Dir wirklich weiterhilft, sind Deiner Fantasie keine Grenzen gesetzt.

2.1 Quick-Check

Unser Quick-Check besteht aus 8 unterschiedlichen Aspekten. Deinen Interessen, Charaktereigenschaften, Begabungen und Talenten, Kenntnissen, Wünschen und Visionen, Anreizen und Motivatoren sowie Deiner räumlichen und menschlichen Wohlfühlatmosphäre. All diese Aspekte werden wir uns jetzt genauer anschauen! Fertige Dir am besten ein entsprechendes Arbeitsblatt an oder mache Dir einfach direkt in diesem Buch Notizen. Auf unserer Webseite kannst Du Dir unser Arbeitsblatt für den Quick-Check herunterladen. Gib einfach den Zugangscode „BerufswahlSUCKS!“ auf der Seite www.karriere-navi.de/quick-check-download ein.

Nimm Dir ein paar Minuten Zeit und mache Dir zunächst zu jedem Aspekt des Quick-Checks komplett unvoreingenommen Gedanken und trage diese in Dein Arbeitsblatt ein. Widme Dich im Anschluss intensiver unserer kleinen Hilfestellung. Ich erkläre Dir nun, wie Du die einzelnen Aspekte zu verstehen hast und welche Fragen Du Dir in diesem Zusammenhang stellen solltest.

Dein persönlicher Quick-Check	
Interessen	Charaktereigenschaften
Begabungen/ Talente	Kenntnisse
Wünsche/ Visionen	Anreiz/ Motivation
Wohlfühlatmosphäre räumlich	Wohlfühlatmosphäre menschlich

Eine Hilfestellung:

Deine Interessen

...

...

...

...

Deine Interessen können das erfolgreiche Absolvieren einer Ausbildung oder eines Studiums fördern und zur Zufriedenheit im Berufskontext beitragen. Finde heraus, welche Themengebiete Dich interessieren.

- Welche Schulfächer haben Dir Spaß gemacht?
- Was machst Du in Deiner Freizeit/in Deinen Ferien am liebsten?
- Worüber weißt Du am meisten?
- Welche Bücher liest Du?
- Welche Sendungen schaust Du im TV?

- Gibt es bestimmte Kurse, die Du gerne belegen würdest?
- Was sind Deine Hobbys → (egal ob Fußball spielen oder Tanzen... auch das kann uns im Berufswahlprozess wichtige Erkenntnisse liefern. Beispielsweise im Hinblick auf die präferierte Branche)

Auch ein Blick in Deine Vergangenheit kann hier hilfreich sein. Welche Interessen hattest Du in Deiner Kindheit? Über die letzten Jahre Deiner Schullaufbahn wurdest Du zunehmend von außen beeinflusst und hast versucht die Erwartungen anderer Leute zu erfüllen. Versuche Dich zurück zu erinnern, was Du als Kind gerne gemacht hast. Gibt es immer wieder ähnliche Themen, die in Deinem Leben eine Rolle gespielt haben? Hast Du immer schon gerne Experimente durchgeführt oder Dir spezielle Dokumentationen im Fernseher angeschaut? Wer waren Deine Vorbilder und warum?

Beachte bitte: Deine Interessen können sich im Laufe der Zeit natürlich verändern. Wusste ich schon vor meinem dualen BWL Studium, dass mich die Themen Marketing und Vertrieb später faszinieren würde?

– Natürlich nicht! Ich sehe aber heute viele Parallelen zu meinen damaligen Hobbies. Meine Leidenschaft für den Sport ist auf das Leistungsstreben und die hohe Wettkampforientierung zurückzuführen. Diese Eigenschaften und Bedürfnisse versuchen ich auch im Berufsleben zu berücksichtigen. Zusätzlich habe ich mir für mein duales Studium ein Partnerunternehmen aus der Sportbranche ausgesucht. So war ich täglich in einem Umfeld tätig, das mich von Grund auf interessiert. Interessen sind also nicht das wichtigste Kriterium bei Deiner Berufswahl, sie können Dir aber Hinweise auf Branchen geben, auf Tätigkeiten oder auch Vorlieben, die das Arbeitsumfeld betreffen. Jemand, der sich gerne künstlerisch betätigt, aber nicht Künstler werden möchte, könnte beispielsweise kaufmännische Berufe bzw. Tätigkeiten in einem Großhandel für Künstlerbedarf oder in Auktionshäusern ausüben.

Eine kleine Frage an dieser Stelle: Was würdest Du machen, wenn Du Zeit, Geld und unbegrenzt Talent hättest? Womit würdest Du Dich den ganzen Tag beschäftigen?
Nimm Dir einen Moment Zeit, denke darüber nach und schaue, ob Du weitere Erkenntnisse sammeln konntest.

Deine Charaktereigenschaften:

...

...

...

...

Bei der Analyse Deiner Charaktereigenschaften kannst Du Deine Vergangenheit reflektieren oder Dir Feedback von anderen Menschen einholen. Interviewe Deine Eltern, Freunde oder Verwandten und stelle ihnen selbst die folgenden Fragen:

- Wie würdest Du mich beschreiben?
- Was macht mich aus Deiner Sicht als Mensch besonders?
- Wie nimmst Du mich wahr, wie wirke ich auf Dich?
- Gibt es Dinge, die mich besonders auszeichnen?
- Worauf bist Du besonders stolz, wenn Du mich anschaust?
- Wofür würdest Du mich loben?

- Warum bist Du mit mir befreundet?

Welche Charaktereigenschaften beschreiben Dich am besten? Markiere Dir mit einem Textmarker die wichtigsten Begriffe, die Du für Dich bestätigen kannst und übernehme sie in Deine Notizen:

- Freundlich
- Zielstrebig
- Neugierig
- Nett
- Vorsichtig
- Selbstbewusst
- Gelassen
- Technisch begabt
- Handwerklich geschickt
- Anpassungsfähig
- Teamorientiert
- Hilfsbereit
- Sorgfältig
- Verantwortungsbewusst
- Ordnungsliebend
- Kompromissbereit
- Voller Ideen
- Ungeduldig
- Diszipliniert
- Humorvoll
- Zuverlässig
- Diplomatisch
- Überzeugend
- Kreativ
- Korrekt/ Prinzipientreu
- Fleißig
- Einfühlsam

Deine Begabungen/ Talente:

...

...

...

...

Beachte: Häufig machen wir den Fehler, dass wir Dinge generalisieren. Wir glauben, dass unser eigenes Empfinden auch dem der anderen entspricht. Wir nehmen an, dass positive Eigenschaften und Stärken an uns völlig selbstverständlich sind und nehmen sie nicht mehr als besonders wahr.

In einem persönlichen Berufscoaching habe ich einen Schüler zu seinen Talenten gefragt. Er trat im Grunde sehr selbstsicher auf und konnte leicht auf andere Menschen zugehen. Eine Stärke oder ein Talent fiel ihm aber auf die Schnelle nicht ein. Auf die Frage, ob sein Selbstbewusstsein eine Stärke sein könnte, antwortete er: „Wieso? So selbstbewusst ist doch jeder!"

Natürlich habe ich auch viele Schüler in meinen Coachings, die sehr schüchtern sind bzw. Probleme damit haben, selbstbewusst aufzutreten.

Gibt es irgendetwas, das Dir leichtfällt? Kannst Du Dich beispielsweise gut in Menschen hineinversetzen? Denk hier auch einmal über Vergangenes nach. Warst Du in der Regel der Streitschlichter in der Schule, die Streitschlichterin in Deiner Klasse?

- Gibt es etwas, von dem Du nicht genug bekommen kannst?
- Kannst Du schnell neue Sprachen erlernen?
- Wofür würdest Du früh aufstehen oder besonders lange aufbleiben?
- Wofür wurdest Du in der Vergangenheit gelobt?

Die meisten Erkenntnisse erlangst Du nicht von heute auf morgen. Nimm Dir ausreichend Zeit, Dir über Deine Charaktereigenschaften Gedanken zu machen. Lege das Buch zur Seite und widme Dich in ein paar Tagen erneut dieser Übung. Du hast ja jetzt eine Struktur und weißt stets genau, an welcher Stelle Du stehen geblieben bist und wie es weitergeht.

Deine Kenntnisse:

...

...

...

...

Diese Fragen können Dir bei der Analyse Deiner Kenntnisse helfen:

- Was kannst Du besser als andere? (vergleiche Dich nicht mit wenigen in Deinem direkten Umfeld, sondern mit der breiten Masse)
- Was sind Deine Leistungskurse in der Schule?
- Gibt es Wunschqualifikationen?
- Welche Fähigkeiten hättest Du gerne?
- Kannst Du gut mit dem PC umgehen?
- Bist Du sehr musikalisch/ sportlich?
- Kannst Du Fremdsprachen sprechen?
- Hast Du von Deinem Vater/Opa handwerkliche Fähigkeiten erworben?

Du hast in der Schule einen Englisch Leistungskurs belegt? Dann komm bitte nicht auf den Gedanken: „Das kann ja jeder“ bzw. „Das können doch viele“. Wenn Du einen Leistungskurs in Englisch absolviert hast, hast Du in der Regel ein besseres Verständnis für die englische Sprache als all diejenigen, die andere Kurse belegt haben.

An dieser Stelle solltest Du Dir auch die Frage stellen, ob Dir die Dinge, die Du kannst auch Spaß machen. Liebst Du es Musik zu machen oder sportlich aktiv zu sein? Oder beschäftigst Du Dich mehr damit, weil es andere besonders anerkennen oder weil Sport der Gesundheit gut tut?

Deine Wünsche und Visionen:

...

...

...

...

Bei der Analyse Deiner Wünsche und Visionen gibt es grundsätzlich zwei unterschiedliche Betrachtungsweisen. Auf der einen Seite gibt es Deine beruflichen und auf der anderen Seite gibt es Deine privaten Wünsche und Visionen. Es kann auch eine starke Überschneidung zwischen den beiden Aspekten geben. Schreibe alles auf, was Dir in den Sinn kommt. Denke jetzt noch nicht darüber nach, ob sich Deine Wünsche gegenseitig ausschließen, Dir oder anderen realistisch erscheinen.

- Was sind Deine beruflichen Ziele?
- Wo siehst Du Dich in 5 oder 10 Jahren?
- Möchtest Du eine Führungskraft sein?
- Willst Du Verantwortung für andere Menschen übernehmen?
- Möchtest Du irgendwann einmal selbstständig sein?
- Möchtest Du Dir irgendetwas bestimmtes kaufen?
- Wieviel Zeit möchtest Du womit verbringen?

Auch den Wunsch nach einem schnellen Auto oder einem coolen Haus kannst Du hier natürlich auflisten. Auch ganz persönliche Ziele spielen hier eine Rolle:

- Wie viele Kinder möchtest Du bekommen?
- Wie intensiv möchtest Du an der Erziehung Deiner Kinder teilhaben?

Insbesondere als Frau solltest Du Dir darüber intensiv Gedanken machen. Stell Dir vor, Du arbeitest als Krankenschwester in einem Krankenhaus und hast mehrmals unter der Woche Nachtschicht. Dein Berufsleben kann Dein Privatleben massiv beeinträchtigen. Womöglich kannst Du nicht so aktiv in die Erziehung Deiner Kinder eingreifen, wie Du es gerne hättest. Bewerten wirst Du Deine Wünsche und Visionen später. Schreibe jetzt erstmal alles auf, was Dir an Träumen und Vorstellungen einfällt.

Deine Anreize und Motivatoren:

...

...

...

...

An dieser Stelle solltest Du Dir Gedanken über Deine inneren Beweggründe machen.
Auch das schnelle Auto oder das coole Haus kannst Du an dieser Stelle auflisten. Es kann ein besonderer Anreiz, quasi „die Karotte vor Deiner Nase" sein, die Dich dazu motiviert, Deine Ziele zu erreichen und ein Studium durchzuziehen.

Spannend ist an dieser Stelle die Frage: Wieso willst Du Dir überhaupt ein teures Auto kaufen? Motiviert Dich der Kick des schnellen Fahrens? Ist es die Anerkennung, die Du Dir von anderen versprichst? Gibt es Dir Sicherheit, bequem von A nach B zu kommen? Versprichst Du Dir davon Unabhängigkeit? Wenn Du Dir solche Fragen ehrlich beantworten kannst, bist Du in Deiner Selbstreflektion schon deutliche Schritte weiter!
Vielleicht fällt es Dir leichter zu beantworten, warum Du Dir gewisse Dinge in der Vergangenheit gekauft hast. Überlege Dir, welche Bedürfnisse Du damit befriedigen wolltest.

Um Dir ein weiteres Beispiel zu nennen: Was hat Dich schon einmal dazu bewegt, anderen Menschen zu helfen? Hattest Du besonders Freude daran, im Team zu arbeiten? Motiviert Dich die Anerkennung oder das Lob durch andere? Gibt es Dir ein besonders gutes Gefühl, anderen geholfen zu haben?

In Kapitel 3 werden wir uns anhand eines psychologischen Tools nochmals intensiver mit Deinen Motivatoren beschäftigen. So fällt es Dir leichter herauszufinden, was Dir im Leben wichtig ist und welche Erwartungen Du dementsprechend an Dein Berufsleben stellst.

Deine räumliche Wohlfühlatmosphäre:

...

...

...

...

Gibt es eine räumliche Umgebung, in der Du Dich besonders wohlfühlst bzw. in der Du aufblühst?

Überlege Dir, wie Deine berufliche und private Umgebung idealerweise aussehen sollte. Werfe einfach einmal einen Blick in Dein Zimmer. Ist Dein Zimmer besonders chaotisch oder brauchst Du eine Ordnung, klare Struktur und Ästhetik, um Dich wohlzufühlen? Es könnte Dir Hinweise geben, beispielsweise zu folgenden Fragen:

- An welchem Ort möchtest Du idealerweise tätig sein? (Im Ausland oder Inland)
- Arbeitest Du lieber in einem großen oder kleinen Unternehmen?
- Würdest Du Dich in der Natur oder einer Werkstatt o.ä. wohlerfühlen?

Achte in den nächsten Wochen und Monaten im Alltag unbedingt auf die unterschiedlichen Berufsbilder, die Dir begegnen sowie die damit einhergehenden Arbeitsumgebungen. Auch durch das Fernsehen oder Kinofilme kannst Du unterschiedliche Berufe kennenlernen. Könntest Du Dir vorstellen, in einer Produktion zu arbeiten, wie der Schmied aus Game of Thrones, in einem Krankenhaus, wie die Ärzte aus Grey's Anatomy, forschend in einer Universität tätig zu sein, wie Sheldon, Howard, Lennard und Raj aus Big Bang Theorie oder wärst Du gerne der Anwalt Harvey Specter aus Suits?

Deine menschliche Wohlfühlatmosphäre:

...

...

...

...

Bei der menschlichen Wohlfühlatmosphäre beschäftigen wir uns mit der zentralen Frage, mit welcher Art Menschen Du Dich umgeben möchtest. Sind es eher extrovertierte oder introvertierte Menschen. Extrovertierte Menschen gehen schnell und offen auf andere zu, sind meist selbstbewusst und haben Spaß daran, andere Menschen kennenzulernen. Introvertierte Menschen bevorzugen einen kleineren Freundes- bzw. Arbeitskreis, geben auch weniger von privaten Dingen preis. Beschreibe die Menschen, mit denen Du zusammen sein möchtest. Wenn Du an Freunde, Vorbilder, Verwandte denkst, die Du sehr schätzt, fallen Dir bestimmt entsprechende Eigenschaften ein, die Du an dieser Stelle eintragen kannst.

Überlege Dir auch, mit wie vielen Menschen Du täglich in Kontakt stehen möchtest. Vielleicht kannst Du Dir vorstellen, täglich neue Kundentermine wahrzunehmen, im Kundenservice tätig zu sein und viele Kunden zu betreuen? In Deinem privaten Umfeld wirst Du bereits erste Erfahrungen gesammelt haben. Was machst Du in Deiner Freizeit am liebsten? Bist Du eher extrovertiert und lernst auf Partys gerne neue Menschen kennen? Gehst Du nur auf Partys, wenn dort ein paar Leute sind, die Du gut kennst und auf deren Gesellschaft Du Dich als introvertierter Mensch lieber beschränkst? (Mein Bruder würde sagen: „Bist Du der Tänzer oder der Rumsteher")

Wenn wir diese Gedanken auf den Berufskontext übertragen, steht z.B. die Frage im Raum, ob Du später in einem Einzelbüro oder lieber in einem Großraumbüro bzw. im Team arbeiten möchtest. Es mag sein, dass Du Dich weder auf das eine, noch auf das andere festlegen möchtest. Auch das solltest Du notieren, weil es sich später durchaus kombinieren

lässt. Viele Menschen suchen den Kontakt zu anderen und brauchen dennoch Rückzugsmöglichkeiten. Es könnte aber auch sein, dass Du hier ganz klare Präferenzen hast.
Natürlich gibt es auch unterschiedliche Typen von Menschen, mit denen wir uns umgeben können. Es gibt beispielsweise die Macher, die Dinge gerne in der Praxis umsetzen, die Helfer, die andere Menschen gerne unterstützen, die Organisatoren, Manager. Das können beispielsweise Handwerker, Akademiker, Dienstleister oder Sportler sein.

Die meisten Erkenntnisse des Quick-Checks erlangst Du nicht von jetzt auf gleich. Widme Dich in regelmäßigen Abständen, in ein paar Tagen, nochmals der Analyse und Reflektion der einzelnen Aspekte. Du wirst merken, dass Dir sofort wieder neue Aspekte in den Kopf schießen.
Schreibe zunächst alles auf, ohne zu bewerten, ob es gut oder weniger förderlich für Deine Karriere sein könnte!
Auch als Berufsberater können wir es Dir nicht abnehmen, dass Du Dich intensiv mit Dir selbst auseinandersetzt. Während der gesamten Bearbeitung dieses Buches empfehle ich Dir, den Quick-Check immer weiter auszubauen.

Erst in den späteren Kapiteln übertragen wir diese Aspekte ganz gezielt auf Deinen Berufskontext!

Im Folgenden werde ich Dir jetzt noch weitere Übungen vorstellen, die Dir bei der Analyse und Reflektion helfen können.

2.2 RIASEC-Interessentest

Hast Du noch Schwierigkeiten dabei, Deine Interessen zu definieren, tust Du Dich schwer damit, sie in Worte zu fassen?
Im Folgenden möchte ich Dir eine Methode vorstellen, mit der Du Deinen eigenen Interessentyp definieren kannst.

John L. Holland, ein US-amerikanischer Psychologe, hat das sogenannte **RIASEC Interessen-Modell** entwickelt. Holland sieht die Interessen eines Menschen als grundlegendes Persönlichkeitsmerkmal an. Je eher man die eigenen Interessen im Beruf wiederfindet, desto zufriedener ist man mit seiner Berufswahl. Aus einer größeren Arbeitszufriedenheit resultiert ein höherer beruflicher Erfolg und eine steilere Karriereentwicklung. – So weit so gut!
Das Modell ordnet unterschiedliche berufliche Interessen in 6 Kategorien ein, die sinnbildlich für 6 Interessentypen stehen.

Die Anfangsbuchstaben der jeweiligen Kategorien ergeben zusammen das Wort „RIASEC“. Der Einfachheit halber habe ich Dir die Kategorien direkt ins Deutsche übersetzt:

R – Der Realist

Der Realist strebt nach einer praktisch-technischen Orientierung. Er bevorzugt körperliche Arbeit und handwerkliche, technische Tätigkeiten. Zu den Berufen zählen z.B. Maschinenbauer, Handwerker, Elektroniker etc.

I – Der Intellektuelle

Der intellektuelle Typ strebt nach tiefsinnigem und theoretischem Wissen. Er hat ein hohes Bedürfnis danach, komplexe Zusammenhänge zu verstehen. Denkbar wären hier beispielsweise mathematische, medizinische oder naturwissenschaftliche Berufe.

A – (artistic) Der künstlerisch Orientierte

Künstlerisch orientierte Menschen möchten künstlerisch, kreativ und gestalterisch tätig sein. Passende Berufe sind hier beispielsweise künstlerische oder sprachliche Berufe (Bereiche Kunst, Musik, Grafik, Design, Schauspiel etc.)

S - Der Soziale

Der soziale Typ fühlt sich sozial verantwortlich und möchte anderen Menschen helfen, sie unterstützen, beraten oder pflegen. Zu den typischen Berufen zählen: Pädagogische Berufe, Sozialarbeiter, Psychologen und Therapeuten.

E – (enterprising) Der Unternehmer

Der unternehmerisch orientierte Typ versteht sich selbst als gute Führungspersönlichkeit. Er verfügt über verbale Fertigkeiten, kommunikative Kompetenzen und Freude an Konkurrenzsituationen. (Unternehmer, Vertriebler, Manager, Immobilienmakler, aber auch Projektleiter, Meister etc.)

C – (conventional) Der Traditionelle

Der traditionell Orientierte schätzt geregelte Abläufe und strebt nach strukturierten Aufgaben. Klassische Tätigkeiten wären das Planen, Dokumentieren, Strukturieren, Organisieren oder Verwalten.

Und... welcher Typ bist Du?

Nimm Dir ein weißes Blatt Papier und bewerte jeden der 6 Interessentypen. In Welchem Typus findest Du Dich am ehesten wieder?
Die folgende Tabelle kann Dir dabei helfen:

Interessentyp	**-3**	**-2**	**-1**	**0**	**+1**	**+2**	**+3**
Der Realist							
Der Intellektuelle							
Der Künstler							
Der Soziale							
Der Unternehmer							
Der Traditionelle							

(-3 = passt überhaupt nicht/ 0 = Keinen Plan/ +3 Das bin absolut ich!)

Das RIASEC Interessen-Modell nach John L. Holland kann Dir Hinweise darauf geben, welcher Interessentyp Du bist und welches Berufsfeld vielleicht zu Dir passt. Und das kann durchaus eine Mischung aus unterschiedlichen Typen sein. Für diesen Fall zeigt Dir die fertige Tabelle, welche das sind und wo Deine Prioritäten liegen.

Aber Achtung!

Das Interessen-Modell basiert auf der Annahme, dass sich weder Deine Interessen, noch die Berufsfelder im Laufe der Zeit verändern. Wusste ich schon vor meinem dualen BWL-Studium, dass mich die Themen Marketing und Vertrieb faszinieren? – Natürlich nicht!

Deine Interessen liefern Dir aber wichtige Impulse für Deine Berufswahl. Probiere es einfach aus!

2.3 Deine bisherigen Erfahrungen

Auch wenn Du noch keine wirklichen Erfahrungen im Berufsleben gesammelt hast, so gibt es kleine Übungen, aus denen Du Kriterien für Deinen Wunschberuf ableiten kannst. Sie zeigen, dass Du durchaus bereits berufsähnliche Kenntnisse erworben hast.

Übung 1: Reflektiere Deine bisherigen „Berufserfahrungen"

Mit Sicherheit hast Du bereits ein Praktikum, einen Nebenjob oder auch einen Freundschaftsdienst für Nachbarn, Freunde, Verwandte erbracht! Hast Du Zeitungen ausgetragen? Eine Party organisiert? Eine Jugendmannschaft trainiert? Ein Fahrrad repariert? Den Rasen des Nachbarn gemäht? Für andere gekocht? Ja, auch die Hausarbeit oder das Aufräumen des Dachbodens kann Dir jetzt weiterhelfen. ☺

Dir fällt bestimmt etwas ein, oder?!

Super! Dann hast Du bereits erste wertvolle berufs- bzw. arbeitsähnliche Erfahrungen sammeln können.

Wenn Du beispielsweise Deinem Freund bei der Reparatur des Fahrrads oder Mofas geholfen hast, kannst Du dies als Berufswahlhilfe nutzen. Nein, hier geht es nicht darum zu prüfen, ob Du Mechaniker werden sollst oder Fahrradverkäufer. Du wirst staunen, welche Rückschlüsse sich aus Deinem Verhalten und Empfinden ziehen lassen, wenn Du es erst einmal „von außen" betrachtest. Vielleicht stellst Du fest, dass Du sehr geduldig bist, sehr genau nach Anleitung oder eher kreativ arbeitest. Es könnte auch sein, dass Du Dich daran erinnerst, ob Du Dich in der helfenden Rolle wohl gefühlt hast oder doch lieber derjenige gewesen wärst, der die Fäden in der Hand hielt und das „Kommando" hatte.

Lass uns mit der Übung starten: Schnapp Dir ein paar weiße Blätter Papier und überlege zunächst, welche „Berufserfahrungen" Du bereits gesammelt hast.

- Wo hast Du ein Praktikum absolviert?
- Welche Art Nebenjob hast Du bereits ausgeübt?
- Wobei hast Du Deinen Eltern, Freunden oder Verwandten geholfen?

Überlege Dir im nächsten Schritt, welche Tätigkeiten Du dabei ausgeführt hast. Schreibe Dir für jede „Berufs-" bzw. Arbeitserfahrung alle damit einhergehenden Tätigkeiten auf.

Hast Du auf dem Dachboden Ordner Deiner Eltern archiviert? Hast Du während Deines Schulpraktikums erste Erfahrungen mit Kundenkontakten gesammelt? Hast Du als Klassen- oder Schülersprecher Aufgaben übernommen? Im Sportverein geholfen?

Wenn Du alle Tätigkeiten aufgelistet hast, kommen wir zum nächsten Schritt, dem wichtigsten. Überlege nun, was diese Tätigkeiten von Dir abverlangt haben (Geduld, Genauigkeit, Kreativität, Arbeiten draußen bei Wind und Wetter usw.) So findest Du auch heraus, was Dir alles an diesen Tätigkeiten gefallen hat und was nicht.
Mache Dir am besten eine Art Pro- und Contra-Liste. Jede Erkenntnis kannst Du später für Deine Berufswahl nutzen. Überlege Dir an dieser Stelle, was Du daraus über Dich selbst und Deinen Wunschberuf lernen kannst.
Erstelle Dir für die Durchführung der Übung am besten das folgende Schaubild.

Wo habe ich gearbeitet?	Was für Tätigkeiten habe ich dort ausgeführt?
	...
	...

Pro	Contra
...	...
...	...

Übung 2: Nutze die Berufserfahrung Deiner Eltern, Freunde oder Verwandten als Berufswahlhilfe

Auch die Arbeitserfahrungen Deiner Eltern, Freunde oder Verwandten können Dir als Berufswahlhilfe dienen.
Nimm Dir jeweils 30 Minuten Zeit, setze Dich mit ihnen zusammen und interviewe sie zu Ihrem Beruf!

Auch hier kannst Du ähnlich vorgehen.

Stelle zunächst grundlegende Fragen, um herauszufinden wie Ihre Berufsbezeichnung lautet, was Sie beispielsweise studiert haben und welche Tätigkeiten sie in ihrem Beruf ausüben.

- „Wie sieht dein Arbeitsalltag aus?“
- „Wie sehen deine Arbeitsinhalte aus?“
- „Was würdest Du sagen, welche Eigenschaften zur Ausübung Deines Berufes hilfreich sind und welche nicht?“
- „Wie würdest du dein Arbeitsumfeld beschreiben?“

In einem nächsten Schritt kannst Du nun Deine Eltern, Freunde und Verwandten nach ihren persönlichen Erfahrungen befragen. Finde heraus, was ihnen an ihrer Arbeit am meisten Spaß macht oder sie in den Wahnsinn treibt. Auch hier bietet sich wieder eine Pro- und Contra-Tabelle an.

Aus der Pro- und Contra-Liste der Befragten kannst Du nun eine eigene Pro- und Contra-Liste ableiten. Könntest Du Dir vorstellen im selben Beruf zu arbeiten, dieselben Tätigkeiten auszuüben oder im selben Umfeld zu arbeiten wie Deine Eltern?

Beantworte diese Frage nicht einfach mit JA oder NEIN. Differenziere, was genau Dir gefallen würde, was nicht.
Gegebenenfalls musst Du Dich nochmals über unterschiedliche Aspekte genauer informieren.

Ganz wichtig: Beachte, dass die Meinung Deiner Freunde, Eltern oder Verwandten immer subjektiv ist!
Vielleicht würdest Du eine Erfahrung, die einer Deiner Freunde im Beruf gemacht hat, komplett anders bewerten, wenn Du in seiner/ihrer Situation wärst?

Um Dir ein Beispiel zu nennen:
Dein Vater ist im Vertrieb tätig. 2-3 Tage die Woche fährt er durch die Gegend und besucht potenzielle Kunden. Nach jahrelanger Berufserfahrung im Vertrieb hat er nun festgestellt, dass das viele Reisen und die unregelmäßigen Arbeitszeiten ihm überhaupt nicht passen. Er rät Dir von einem Job als Vertriebler ab!
Aber vielleicht ist der Beruf des Vertrieblers dennoch genau das Richtige für Dich?

Andersherum ist es auch hilfreich, wenn Du merkst, welche Aspekte Dich an einem bestimmten Beruf stören würden, oder?!

In der nächsten Übung betrachten wir Deinen sogenannten „Horror-Job". Ich werde Dir an dieser Übung zeigen, wie Du Deine Erkenntnisse aus dem Interview mit Deinen Eltern, Freunden oder Verwandten optimal für Dich nutzen kannst. Wenn Du beispielsweise weißt, was Dich an einem bestimmten Beruf stört, kannst Du davon ableiten, was Dir im Berufsleben wichtig ist.

Mein Tipp: Analysiere im Rahmen dieser Übung einfach noch weitere Berufe, die Du schon kennengelernt hast. Beispielsweise den Beruf eines Lehrers. Den kennst Du doch schon besonders gut! ;-)

2.4 Dein Horror-Job

Keinen Plan, was Dir im Job wirklich wichtig ist? Mit dieser Methode findest Du es garantiert heraus!

„Ich würde meine Stärken nicht einmal wahrnehmen, wenn sie zu mir kämen, um mir die Hand zu schütteln.“- Richard N. Bolles

Den meisten Menschen fällt es schwer, auf Anhieb den eigenen Traumjob zu benennen – geschweige denn die eigenen Interessen, Stärken, Talente & Wünsche zu definieren.
Oftmals fällt es uns aber deutlich leichter zu beschreiben, was wir alles **nicht** können und wollen. Wir kennen unsere eigenen Schwächen, aber können unsere Stärken nicht in Worte fassen. Wir wissen nicht welche Berufe oder Branchen uns interessieren, aber können genau sagen, auf welche Berufe wir überhaupt keinen Bock haben oder welche Branche wir unbedingt meiden wollen.
Diese Erkenntnisse machen wir uns jetzt zunutze! Kannst Du Wichtiges über Deinen Wunschberuf erfahren, wenn Du Dir zunächst einmal das katastrophalste Szenario vorstellst? Garantiert!

Nimm Dir bitte 15 Minuten Zeit, schnapp Dir ein weißes Blatt Papier und schreibe auf, wie Du Dir den schlimmsten Arbeitstag und das schlimmste Arbeitsumfeld vorstellst.

Meine Horrorvorstellung:

- Wann stehst Du morgens auf?
- Welches sind die langweiligsten Tätigkeiten?
- Wo würdest Du auf keinen Fall arbeiten wollen?
- Mit welchen Dingen möchtest Du Dich auf keinen Fall beschäftigen?
- Wie stellst Du Dir die schrecklichsten Kollegen vor?
- Welchen Typ von Chef könntest Du nicht ertragen?
- Welche Schulfächer dürfen mit Deinem Beruf nichts zu tun haben?
- Mit welchen Arbeitszeiten könntest Du Dich überhaupt nicht anfreunden?
- ...
- ...

Du siehst, worauf es hinausläuft? Schreibe alles Schreckliche auf, was Dir in den Sinn kommt. Durchlebe gedanklich Deinen Alptraum!
Kannst Du Dir überhaupt nicht vorstellen, den ganzen Tag in einem dunklen Büro zu sitzen? Stehen Dir die Haare zu Berge, wenn Du an einen Job denkst, bei dem Du viel unterwegs sein musst? Willst Du keinen Chef haben, der Dir vorgibt, was Du zu tun hast? Bist Du enttäuscht, wenn Du keinen Sinn in Deiner Arbeit und Du am Ende des Tages kein Arbeitsergebnis siehst?
Versuche nun all diese Erkenntnisse einmal umzudrehen! Kannst Du nun vom Horrorszenario auf Deine Wunschvorstellungen schließen? Knüpfe Dir Deine Liste ganz strukturiert vor!
Was wäre Dir im Berufsleben besonders wichtig? Wie sollte dein Arbeitsalltag aussehen? In welchem Umfeld würdest Du Dich wohlfühlen?

Welches sind Deine Erkenntnisse?

- Ich muss einen „Sinn“ in meiner Arbeit sehen, nämlich …
- Ich arbeite lieber in der Natur/ Werkstatt/ Büro

- Ich liebe handwerkliche/ gestalterische/ denkende/ repräsentative …. Tätigkeiten
- Ich brauche jeden Tag meine/ keine körperliche Bewegung
- Ich bevorzuge geregelte/ flexible Arbeitszeiten
- Ich freue mich, wenn ich nach dem Feierabend bei Familie/ Freunden/ Sportkameraden/ allein/ mit Kollegen zusammen sein kann
- Irgendwann wäre ich am liebsten – wenn ich könnte wie ich wollte - selbstständig/ Assistent/ Führungskraft
- Ich arbeite gerne mit Machern/ Chaoten/ Perfektionisten/… zusammen
- Im Job brauche ich Abwechslung/ Routine/ Herausforderung/ Sicherheit ….
- Ich möchte irgendwas bauen oder konstruieren
- …
- …

Nimm Dir genügend Zeit und schreibe alles auf, was Dir einfällt. Dabei solltest Du eine Sache unbedingt beachten: Während Deiner Ausbildungsjahre und darüber hinaus wirst Du Deine Fähigkeiten und Eigenschaften enorm weiterentwickeln. Vieles, was Dir heute noch als nahezu unerreichbar erscheint, kommt Dir demnächst schon so „normal“ vor, dass Du Dich fragst, warum Du jemals daran gezweifelt hast, es erlernen zu können.

Deshalb: Mal Dir jetzt aus, was Du erreichen wolltest, wenn Du alles Notwendige dazu lernen könntest. Es ist extrem wichtig, dass Du Dir selbst vertraust und den Menschen, die Dich demnächst ausbilden. Jeder, der heute Meister seines Faches ist, war einmal da, wo Du jetzt bist! Jeder musste erst einmal Schritt für Schritt sein Handwerk lernen!

Na, schon neue Erkenntnisse gewonnen?
Beachte bitte, dass es hier kein Richtig oder Falsch gibt. Versuche lediglich, deine Wünsche und Präferenzen genauer kennen zu lernen. Deinen Quick-Check kannst Du direkt um die neuen Erkenntnisse ergänzen.

3. Analysiere Deine Bedürfnisse

„Jeder Mensch ist ein Genie, aber wenn Du einen Fisch danach beurteilst, wie gut er einen Baum hochklettern kann, wird er vermutlich sein ganzes Leben lang denken, dass er dumm ist."
Albert Einstein

Dieses Zitat von Albert Einstein verdeutlicht wunderbar, wieso es so enorm wichtig ist, die eigene Persönlichkeit, also die eigenen Stärken, Interessen, Talente, Begabungen und Bedürfnisse zu kennen.
Nachdem wir bereits die erste Selbstreflexion durchgeführt haben, werden wir uns jetzt noch intensiver mit der Analyse Deiner eigenen Persönlichkeit beschäftigen.
Sich mit der eigenen Persönlichkeit auseinanderzusetzen hat insbesondere bei der Berufswahl 2 entscheidende Vorteile:

1. **Je besser du dich selbst kennst, desto klarer wirst Du Dir darüber, welcher Job wirklich zu Dir passt!**

Das ist nicht nur so daher gesagt. Das ist tatsächlich so! Du erkennst schnell, wie Deine Rahmenbedingungen im Beruf aussehen müssen, damit Du Dich wohlfühlst. Genauer gesagt: Du kannst definieren, wie z.B. Dein Arbeitsalltag und -umfeld aussehen sollte. Aus der Fülle der unterschiedlichen Berufs-, Studien- und Ausbildungsmöglichkeiten kannst Du jetzt laserscharf die passenden Optionen herausfiltern. Vielleicht möchtest Du Dir dabei noch helfen lassen – aber auch jeder, der Dich bei der Auswahl unterstützen soll, muss von Dir zunächst einmal hören, welche generellen Vorstellungen Du hast. Über 80% der Deutschen gehen ungerne oder gestresst zur Arbeit. – Sieh zu, dass Du zu den restlichen 20% gehörst!

2. Die Kenntnis der eigenen Persönlichkeit ist die Grundvoraussetzung für ein authentisches Auftreten

Es wird Dir nicht nur leichter fallen zu erkennen, auf welche Dinge Du bei Deiner Berufswahl achten solltest. Du kannst Dich in einem Vorstellungsgespräch auch deutlich überzeugender darstellen und die Chance nutzen, gezielt Fragen zu stellen, die Dir mehr Sicherheit bei der Entscheidung geben. Gleichzeitig zeigst Du Deinem möglichen Arbeitgeber, dass er jemanden vor sich hat, der weiß, was er will.

Mit einigen Aspekten Deiner Persönlichkeit haben

wir uns bereits im Rahmen des Quick-Checks und anderen Übungen beschäftigt. In diesem Kapitel werden wir uns jetzt intensiv mit Deinen Bedürfnissen bzw. Motivatoren auseinandersetzen.
Wir wollen herausfinden, was Dich motiviert, dich von innen heraus antreibt, aber vor allem, welche Aspekte Dir im Berufsleben wirklich wichtig sind, damit Dir ein Beruf Spaß macht und Du Dich wohlfühlst.

3.1 Warum Dir eine typische Berufsberatung nicht weiterhelfen kann

... oder **noch** nicht weiterhelfen kann! An dieser Stelle möchte ich Dir zunächst erklären, wann der Gang zur Arbeitsagentur oder zu klassischen Berufsberatern Sinn macht und wann nicht!

Stell Dir bitte folgendes Szenario vor:
Du gehst zur Arbeitsagentur und hast noch keine Ahnung, wie Dein Traumjob aussehen soll. Du hast Dir vielleicht schon ein paar Studien- oder Ausbildungsangebote angeschaut und warst schlichtweg erschlagen von der Informationsflut im Internet. Die nette Dame der Arbeitsagentur möchte Dir helfen. Sie setzt Dich ins Berufsinformationszentrum (BiZ) und lässt Dich stundenlang recherchieren ... einfach mal drauf los, in riesigen Datenbanken. Äußerst hilfreich, oder?

Die 2. Möglichkeit: Gemeinsam betrachtet Ihr Deine Schulnoten und besprecht grob Hobbys und Interessen. Im Anschluss an das gemeinsame Gespräch bekommst Du 3 unterschiedliche Berufsalternativen vorgeschlagen – und Du kannst Dich mit

keiner der Alternativen identifizieren. Leider berichten mir immer wieder Freunde und Kunden von diesem enttäuschenden Erlebnis.
Wie soll es auch anders sein?!
Viele klassische Berufsberater und das BiZ setzen auf Online-Tests oder Fragebögen, die lediglich Deine Interessen, Schulnoten und bisherigen Qualifikationen abfragen. Im Anschluss spuckt Dir ein standardisierter Algorithmus die „passenden" Berufe aus.
Deinen individuellen Bedürfnissen wird allerdings keine Beachtung geschenkt! Dabei möchtest Du vielleicht gar kein Informatiker werden, obwohl Du gut in Mathe warst oder Übersetzer, weil Du in Englisch und Französisch richtig gute Noten hattest.
Die wenigsten Berufsberater des BiZ haben den Anspruch und die Zeit, Dich intensiv bei der Suche nach Deinem Traumjob zu unterstützen. Ob sie wollen oder nicht: Du bist in Ihrem System lediglich eine Nummer, die es abzuarbeiten gilt. Und sie sind darauf angewiesen, dass Du Dich auf das Gespräch gut vorbereitet hast.
Aber was nun?
Du solltest also schon im Vorfeld sicherstellen, dass Du Dir Klarheit über Deine eigene Persönlichkeit

verschaffst – Deine Interessen, Stärken, Talente, Bedürfnisse und Erwartungen kennenlernst. Für mich war es damals unheimlich schwer, einem fremden Menschen zu erklären, was mich besonders macht und von anderen Menschen unterscheidet.
Erst wenn Du genau weißt, wie Dein Berufsumfeld und Dein Arbeitsalltag aussehen soll, kannst Du Dich gezielt auf die Suche nach dem passenden Beruf begeben – alleine oder mit Berufsberater.
Keine Sorge, wenn Du nicht auf Anhieb Deine Persönlichkeit beschreiben und Deine Wunschvorstellungen definieren kannst! Diese Erkenntnisse kannst Du in der Regel nicht von heute auf morgen erlangen. Aber Du kannst sie Dir, z.B. mit unseren Anleitungen, erarbeiten.
Macht der Gang zur klassischen Berufsberatung oder zur Arbeitsagentur also überhaupt keinen Sinn? Doch – es kommt lediglich auf die Situation an! Wenn Du interessante Berufs-, Ausbildungs- oder Studienalternativen gefunden hast und noch weitere Informationen benötigst, macht der Gang zu einer klassischen Berufsberatung oder zum BiZ auf jeden Fall Sinn! Wenn Du nach konkreten Informationen suchst, findest Du dort einen Ansprechpartner, der Dir weiterhelfen kann. Die Berufsberater der Agentur für Arbeit oder der IHK wissen häufig, welche

Unternehmen in der Region ausbilden und wo Du Dich bewerben kannst.
Zudem ist ein Gang zum BiZ sinnvoll, wenn Du Deinen Traumjob bereits gefunden hast und nach der richtigen Strategie, dem richtigen Weg, suchst, Dein Ziel zu erreichen. Du kannst Dich gezielt beraten lassen, wie Du Deinen Bildungsweg gestalten musst, um Dein Ziel zu erreichen.

Aber ganz wichtig: Lass Dich nicht von Deinem Weg abbringen! Für Dich geht es nicht darum, dass die freien Ausbildungsplätze in der Region besetzt werden, auch das ist Aufgabe der Agentur für Arbeit. Es geht Dir darum, dass Du zunächst einen Beruf findest, der Dir einen Sinn gibt, täglich aufzustehen. Erst dann begibst Du Dich auf die Suche nach der passenden Ausbildungsstätte.

3.2 Das Geheimnis meiner Berufswahl

Es wäre doch viel cooler, wenn wir uns nicht so intensiv mit dem Thema Berufswahl beschäftigen müssten. Wenn es uns total leichtfallen würde, unsere Persönlichkeit zu definieren und wir schon vor dem Schulabschluss wüssten, welche Anforderungen wir an unser Berufsleben stellen. Schnelle Hilfe versprechen diverse Online-Berufstests! Wir absolvieren 10-20 Minuten unterschiedliche Testfragen und ... bekommen als Ergebnis unseren Traumjob vorgeschlagen!? Das hört sich doch geil an!
Aber klappt das wirklich? Gibt es einen zuverlässigen und wissenschaftlich validierten Berufstest?
Ich habe es damals mit Hilfe eines Berufstests geschafft, den für mich perfekten Studiengang auf Anhieb zu finden und meine beruflichen Ziele innerhalb kürzester Zeit zu definieren. Mehr dazu gleich. Zunächst möchte ich einmal die Frage klären, was wir unter einem Berufstest überhaupt verstehen.

Sind wir doch mal ehrlich: Wir alle haben schon mal danach gegoogelt. Nach „Berufstest", „Berufsfindungstest", „Studienwahltest", „Berufswahltest", „Berufseignungstest" oder „Berufsorientierungstest".

Was haben all diese Online-Berufstests gemeinsam? Sie sind absolut unnütz!
Bis auf eine Ausnahme, die ich Dir gleich vorstelle.
Bei einem klassischen Berufstest beantwortest Du minutenlang unterschiedliche Fragen. Fragen zu Deinen Interessen, zu Deinen Stärken oder Deinen Talenten.
Als Ergebnis bekommst Du meist 3 unterschiedliche Berufsalternativen vorgeschlagen: Du solltest Biologe, Mathematiker oder Garten Landschaftsbauer werden.

Wir alle kennen das Drama: Wir können uns mit keiner der Alternativen identifizieren!
Wie soll es auch anders sein?
Die Studien-, Ausbildungs- oder Berufsalternativen werden Dir anhand eines standarisierten Algorithmus ausgespielt. Die Betrachtung Deiner Persönlichkeit, Deiner individuellen Bedürfnisse wird fast zu 100% vernachlässigt. Vielleicht willst Du ja kein Biologe werden, weil Du in der Schule gut in Biologie warst? Vielleicht möchtest Du gar kein Schriftsteller werden, nur weil Du gerne Bücher liest?
Okay, Du hast es doch die ganze Zeit gewusst.

Mit der richtigen Hilfe kannst Du zwar schnell und einfach Deine Berufswahl meistern, aber ganz so einfach ist es dann doch nicht.
Jeder vierte Student bricht sein Studium ab und nahezu jeder dritte Auszubildende beendet frühzeitig seine Ausbildung. Was haben all diese Jugendlichen gemeinsam? Sie wissen nicht, welcher Beruf zu Ihnen passt und was Ihnen wirklich Spaß macht.

Bei mir war es komplett anders! Schon vor meinem Studienbeginn wusste ich, dass ich die richtige Wahl getroffen habe. Ich wusste ganz genau, dass ich einen Studiengang gefunden hatte, der wie „die Faust aufs Auge“ zu mir passte.
Im Folgenden möchte ich Dir nun einen Berufstest vorstellen, mit dem auch Du die Herausforderung „Berufswahl“ kinderleicht in kürzester Zeit meistern kannst.

Der etwas andere Berufstest: Das Reiss Profile

Nach meinem Abitur bin ich auf das Reiss Profile gestoßen. Das Reiss Profile ist kein klassischer „Berufstest“, sondern ein innovatives Werte- und Motivationsprofil, das ursprünglich aus dem Bereich der

Führungskräfteentwicklung und dem Personalmanagement kommt. Zunächst füllst Du einen Online-Fragebogen aus und bewertest 128 Aussagen, inwieweit sie mit Deinen persönlichen Vorstellungen und Bedürfnissen übereinstimmen.

Als Ergebnis bekommst Du keine unterschiedlichen Berufsalternativen vorgeschlagen, sondern erhältst zunächst Einblick in Dein individuelles Persönlichkeitsprofil. Eine übersichtliche Darstellung macht Dir Deine ganz persönlichen Merkmale, Deine Werte, Bedürfnisse und „Motive“ deutlich.

Gemeinsam mit einem erfahrenen Reiss Profile Coach habe ich mein Ergebnis innerhalb von etwa vier Stunden ausgewertet. Wir haben überlegt, in welchen Situationen welche Eigenschaft hinderlich sein kann und wo meine Persönlichkeitsmerkmale besonders gefragt sind. Ich habe schnell erkannt, was mich als Person einzigartig macht, was meine individuellen Stärken und Talente sind und in welchem Umfeld ich am ehesten geschätzt werde. Ich konnte jede Eigenschaft nachvollziehen, mich in dem Profil zu 100% wiederfinden. Mir wurde im Coaching immer wieder klar, warum ich mich früher in der einen oder anderen Situation nicht wirklich wohl gefühlt habe.

Die Erkenntnisse aus der Analyse meiner Persönlichkeit konnten wir direkt auf den Berufskontext übertragen. So konnte ich innerhalb kürzester Zeit definieren, was mir im Berufsleben wirklich wichtig ist. Welche Erwartungen ich an meinen Berufsalltag habe und wie mein Berufsumfeld aussehen muss, damit ich mich im Job langfristig wohl fühle und dauerhaft motiviert bin.

Ein positiver Nebeneffekt: Durch die Kenntnis meiner Persönlichkeit kann ich viel selbstbewusster und authentischer auftreten. Das ist insbesondere dann von Vorteil, wenn ich mich in einem Vorstellungsgespräch oder in meinen Bewerbungsunterlagen zu aller erst selbst gut verkaufen muss. Wie wäre es, wenn Du Deinen Eltern oder Freunden genau sagen könntest, was Du zukünftig machen möchtest und warum Du glaubst, dass es das Richtige für Dich ist?
Mittlerweile habe ich meine eigene Ausbildung zum Reiss Profile Coach abgeschlossen und es mir zur Aufgabe gemacht, Dir Deinen Berufseinstieg so einfach wie möglich zu machen. Ich möchte Dir dabei helfen, dass Du einen Beruf findest, auf den Du richtig Bock hast.

Ich kann ich Dir sagen: Es gibt nichts besseres, als einen Studiengang und einen Beruf zu finden, indem man sich wohlfühlt und der einem Spaß macht! Weitere Informationen zum Reiss Profile findest Du auf der folgenden Webseite: https://www.karriere-navi.de/reiss-motivation-profile.

3.3 Was sind Bedürfnisse und Motive?

Auch ohne ein Werte- und Motivationsprofil kannst Du Deiner Persönlichkeit auf die Schliche kommen, es dauert nur etwas länger, Deine Bedürfnisse und Motive selbst zu definieren. Damit es Dir aber gelingt, sagen wir Dir im Folgenden, wie es geht:
Um Arbeitszufriedenheit zu erlangen bzw. Arbeitsunzufriedenheit zu vermeiden bedarf es eines Berufes, der Deine Bedürfnisse und „Lebensmotive" befriedigen kann. Klären wir zunächst, was überhaupt Motive und Bedürfnisse sind.

Hast Du Dich schon einmal freiwillig mit etwas beschäftigt, weil es Dir einfach Spaß „nur" gemacht hat? Was motiviert Dich, Deinem Hobby nachzugehen? Was motiviert Dich, Dir eine fette Uhr zu kaufen? Deine Bedürfnisse und Motive kannst Du verstehen als Deine inneren Beweggründe, deinen Motor für Dein Verhalten.
In diesem Kontext sprechen wir häufig von Bedürfnissen, Motiven oder Motivatoren.

Um Dir ein Beispiel zu nennen:
Warum möchtest Du ein Studium absolvieren? – Vielleicht, um Dir später einen guten Job und ein

hohes Einkommen zu sichern, damit Du Dir einen gewissen Status im Leben erarbeiten kannst. Der Status, das Gefühl, anderen etwas voraus zu haben, könnte Dein Motiv sein. Oder Du verbindest damit eine gewisse Anerkennung von Deinen Eltern, Freunden oder Nachbarn. Du kaufst Dir ein teures Auto vielleicht nicht, weil es so schnell fährt, sondern weil andere Menschen sehen, dass Du dieses Auto fährst. In diesem Fall wäre Dein Streben nach Status und Anerkennung ausschlaggebend dafür, dass Du Dich für ein Studium entscheidest. (Beachte bitte, dass das Ganze nur ein Beispiel ist. Bei der Entscheidung „Ausbildung vs. Studium" spielen viele Faktoren eine wichtige Rolle.)

Warum könntest Du noch studieren wollen?

Ein Studium verspricht Dir einen guten Job und damit finanzielle Sicherheit. Wenn Du danach strebst, befriedigst Du möglicherweise Dein Streben nach emotionaler Ruhe. Dieses Bedürfnis kann für Dich persönlich ebenfalls ausschlaggebend dafür sein, dass Du studieren möchtest.
Bedürfnisse sind also innere Beweggründe, die unser Denken, Handeln und Fühlen beeinflussen – häufig ohne, dass sie uns bewusst sind.

An dieser Stelle möchte ich Dir auch den Unterschied zwischen extrinsischer und intrinsischer Motivation erklären. Extrinsische Motivatoren sind externe Faktoren, die unser Denken und Handeln beeinflussen. Dazu zählen beispielsweise die Belohnung oder die Bestrafung. Das heißt, man führt eine Tätigkeit aus, um eine Strafe zu vermeiden oder eine Belohnung zu erhalten.

Beispiele für extrinsische Motivation:

1. Dein Chef verspricht Dir eine Prämie, wenn Du ein bestimmtes Ziel im Jahr erreichst.
   → Der Faktor Geld ist die extrinsische Motivation
2. Deine Mutter erwartet von Dir, dass Du Dein Zimmer aufräumst. Wenn Du es nicht innerhalb der nächsten 2 Tage aufgeräumt hast, bekommst Du am Wochenende Hausarrest.
   → Extrinsische Motivation, Du reagierst nur, um die Strafe zu vermeiden
3. Deine Eltern kaufen Dir ein Auto, wenn Du Dein Abitur mit einem 1er Schnitt beendest.

→ Die Belohnung „Auto“ (= Unabhängigkeit, Status oder ein Grund, sich weniger zu bewegen) motiviert Dich zu lernen

Du merkst also, dass Dich bei der extrinsischen Motivation externe Faktoren bzw. Menschen beeinflussen.
Die zweite Art der Motivation ist die sogenannte intrinsische Motivation. Von intrinsischer Motivation sprechen wir, wenn man Dinge um seiner selbst Willen ausführt, wenn man von innen heraus motiviert ist. Wir führen Tätigkeiten also im Sinne der intrinsischen Motivation aus, weil sie uns einfach Spaß machen oder uns interessieren.
Diese Art der Motivation ist natürlich stärker als die extrinsische Motivation. Sie lässt sich durch Deine Motive und Bedürfnisse erklären.

Beispiele für intrinsische Motivation:

1. Nach der Schule kommst Du nach Hause. Du gehst in Dein Zimmer und Dich trifft der Schlag! Es ist total unordentlich und Du beginnst direkt mit dem Aufräumen.
   → Du räumst auf, weil Du Dich in der Unordnung nicht wohlfühlst.

2. Du bist als Vertriebler tätig. Es macht Dir viel Spaß, auf einer Veranstaltung neue Leute kennenzulernen und Networking zu betreiben.
   → Intrinsische Motivation, weil Du gerne Kontakt zu anderen Mensch hast.
3. Nach der Schule freust Du Dich darauf, Dich an Dein Klavier zu setzen und zu musizieren.
   → Du machst Musik, weil Du intrinsisch motiviert bist.

Warum ist die Kenntnis der eigenen Bedürfnisse wichtig?

Wir haben es bereits angesprochen: Die eigenen Bedürfnisse und Motivatoren sind ausschlaggebend dafür, dass wir uns später im Beruf wohlfühlen, uns ein Beruf Spaß macht oder nicht.
Generell gilt: Je besser Du Deine eigenen Bedürfnisse kennst, desto klarer wird Dir auch, welche Erwartungen Du wirklich an Deinen späteren Beruf stellst. Die hohe Arbeitsunzufriedenheit im Beruf basiert häufig darauf, dass die eigenen Bedürfnisse, die über einzelne berufsbezogene Tätigkeiten weit

hinausgehen, nicht ausreichend im Berufsumfeld wiederzufinden sind.
Stell Dir vor, Du beginnst zu studieren. Grundsätzlich bist Du ein sehr praxisorientierter Mensch. In Deinem Medizinstudium setzt Du Dich aber anfangs überwiegend mit sehr theoretischen Dingen auseinander.
Es gibt hier eine Diskrepanz zwischen dem, was Du tust, Deinem IST-Zustand (sehr viel intellektuelles Wissen) und dem, was Du tun möchtest, Deinem WUNSCH-Zustand („Ich will anwendungsbezogenes Wissen"). Durch diese Diskrepanz kann Unzufriedenheit entstehen. Wenn man erkennt, worin das Problem liegt, kann man darauf reagieren. Man könnte sich beispielsweise einen entsprechenden Job suchen, in dem man das Gelernte umsetzen kann. Häufig wissen wir aber gar nicht, warum wir uns unmotiviert fühlen, weil wir ja „im Grunde" tun, was wir tun wollen.

Das gleiche im Berufsleben: Wenn Du Deine stärksten Motive im Berufsleben wiederfindest, dann hast Du einen Job gefunden, der Dir Spaß macht und im Wesentlichen zu Deinen Wünschen passt. Dadurch fällt es Dir natürlich leichter, eine höhere Arbeitsleistung zu erzielen und mehr Geld zu verdienen. Immer dann, wenn Du Dinge gerne tust, gehen Sie Dir auch leichter von der Hand und Du bist richtig gut darin. Wenn es nicht passt, wirst Du immer einen Drang spüren, etwas anders zu machen. Wenn Du z.B. am liebsten mit vielen Menschen im Team arbeiten möchtest, aber den ganzen Tag in einem Einzelbüro sitzt, findet man Dich möglicherweise mehr in der Teeküche, wo Du hoffst, auf Kollegen zu treffen, als am Arbeitsplatz vor.

Natürlich wird es Dir nicht immer gelingen, alle Bedürfnisse in Deinem Berufsumfeld zu vereinen. Je mehr Du aber bei der Auswahl eines Jobs darauf achtest und je mehr Du Dir Deiner Motive bewusst bist, desto höher ist die Wahrscheinlichkeit, dass Du zumindest die stärksten Deiner Bedürfnisse im Alltag ausleben kannst und immer dann, wenn es nicht passt, einen geeigneten Ausgleich findest. So musst Du nicht direkt den ganzen Job oder die komplette Ausbildung in Frage stellen.

Im Folgenden werden wir deshalb unterschiedlichen Bedürfnissen genauer auf den Grund gehen!

3.4 Deine 16 Lebensmotive

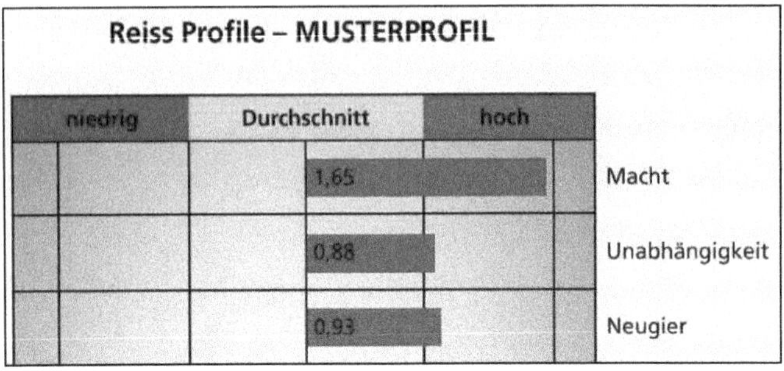

Das wissenschaftlich validierte und weltweit anerkannte Reiss Profile fasst in 16 übergeordneten Kategorien alle Lebensmotiven zusammen, die die Wissenschaft kennt und bildet sie grafisch übersichtlich ab. Natürlich gibt es in diesem Zusammenhang noch andere wissenschaftliche Konzepte. Wir betrachten im Rahmen dieses Buches und unserer Coachings nicht primär das Reiss Profile, weil es das „beste" theoretische Konzept ist, sondern weil ich selbst die Erfahrung gemacht habe, wie wertvoll es für den eigenen Berufswahlprozess sein kann. Diese Erfahrung bestätigt sich auch immer wieder in unseren persönlichen Berufscoachings.

Das Reiss Profile visualisiert die individuelle Ausprägung Deiner Bedürfnisse. Das Ergebnis ist so individuell wie Dein ganz persönlicher Fingerabdruck. Es zeigt nicht nur, ob Du nach bestimmten Dingen strebst, sondern auch, wie stark dieses Bedürfnis ist und welche davon stärker als andere sind.
Es hilft Dir dabei zu reflektieren, was Dir im Leben wirklich wichtig ist und welche Faktoren – bewusst oder unbewusst – Deine Entscheidungen jeden Tag beeinflussen. Dinge, die Du tun musst, obwohl sie nicht Deinem persönlichen Streben entgegenkommen, empfindest früher oder später als Stress. (z.B. Ordnung halten, wenn Du Flexibilität schätzt oder ständige Bewegung, wenn Du Kraft aus der Ruhe schöpfst).
In jedem Motiv kann die Ausprägung einen Wert von -2 bis +2 annehmen. Die Extremwerte -2 und +2 stehen dabei für zwei nahezu gegensätzliche Charakterzüge, die ich Dir nun einzeln vorstelle, damit Du Dich selbst darin einschätzen kannst.

Eine Sache bevor wir starten: Nicht in jedem Motiv hat man eine klare Tendenz in eine der beiden Richtungen. Die meisten Menschen finden beide Charakterzüge in ihrer Persönlichkeit wieder und haben demnach eine mittlere Ausprägung in diesem

Motiv. Das ist der Grund dafür, warum wir uns häufig hin- und hergerissen fühlen. Wie wir uns letztlich entscheiden, hängt von den Motiven ab, die wirklich stark in eine Richtung ausgeprägt sind.

Um Dir ein Beispiel zu nennen: Wir haben eine mittlere Ausprägung im Bereich körperliche Aktivität. Manchmal gehen wir gerne zum Sport, manchmal weniger gerne. Ein starkes Bedürfnis danach, andere nicht zu enttäuschen, kann uns auch dann zum Training treiben, wenn wir eigentlich keine Lust darauf haben. Ein besonderes Bedürfnis nach emotionaler Ruhe und Entspannung kann für uns nach einem anstrengenden Arbeitstag ein entscheidender Grund sein, nicht zum Sport zu gehen.

Motiv Macht:
Das erste Lebensmotiv „Macht" beschreibt das Streben nach Erfolg, Leistung und Einfluss. Hier steht in der jeweils extremen Ausprägung der „Ehrgeizige" (Macht +2) dem „Unterstützer" (Macht -2) gegenüber. Der ehrgeizige Typ ist sehr leistungsorientiert, will gerne Führung übernehmen und persönlichen Einfluss ausüben. Im Vergleich dazu ist der Unterstützer lieber in der Rolle des Dienstleisters. Er

hilft gerne anderen Menschen, aber möchte nur bedingt (in starker Ausprägung gar keine) Verantwortung für andere übernehmen oder weitreichende Entscheidungen treffen. Wenn wir das Ganze auf den Berufskontext übertragen, dann möchte der Dienstleister eher unterstützend tätig sein, während es dem Ehrgeizigen wichtig ist, selbst Verantwortung und Führung zu übernehmen. „Macht“ wurde übrigens übersetzt aus dem englischen „Power“ und hat in unserem Zusammenhang keinerlei negativen Beigeschmack! Führe Dir immer vor Augen, dass jede Ausprägung positiv zu bewerten ist – schließlich brauchen wir im sozialen wie auch im wirtschaftlichen Leben führende und ausführende Mitmenschen!
Überleg mal, was trifft auf Dich zu?
Die meisten Menschen liegen in der Mitte, möchten mal Einfluss nehmen, überlassen in anderen Bereich aber auch gerne anderen die Entscheidung.

Motiv Teamorientierung:
Das Motiv Teamorientierung meint das Streben nach einem Wir-Gefühl, Austausch und Konsensfindung oder das Streben nach Unabhängigkeit.
Hier steht der totale „Teamplayer“ demjenigen gegenüber, der sich gerne als „unabhängig“ von den

Werten, Leistungen und Gedanken anderer wahrnimmt.
Der Unabhängige handelt im Vergleich zum Teamplayer lieber frei, autonom und eigenverantwortlich. Auf den Austausch im Team legt er keinen großen Wert. Für den Beruf kann dies bedeuten, dass der Unabhängige lieber und schneller selbst entscheidet, als sich zuvor die Meinung des Teams einzuholen. Als Führungskraft kann so jemand auch dann gut schlafen, wenn die eigene Entscheidung nicht bei jedem auf Gegenliebe stößt. Dem Teamorientierten ist es da schon wichtiger, die Meinung anderer zu hören und eine Entscheidung herbeizuführen, die möglichst allen gerecht wird. Beides geht im Berufsleben nicht immer. Wie würdest Du am liebsten Entscheidungen treffen?

Motiv Neugier:
Das Motiv Neugier ist insbesondere für die Wahl Deines Bildungsweges von enormer Bedeutung, bei der Wahl zwischen einem Studium oder einer Ausbildung. Das Reiss Profile zeigt, ob ein Mensch nach tiefsinnigem Wissen oder aber nach praktischer Relevanz strebt. Bist Du eher der „Praktiker“ oder der „Intellektuelle“?

Ein Praktiker bevorzugt anwendungsorientiertes Lernen, möchte Dinge selbst in der Praxis umsetzen und er schaltet schneller ab, wenn Dinge zu theoretisch werden. Als Konsequenz präferiert er womöglich eine Ausbildung oder ein duales Studium an einer FH, anstatt dem theoretischen Studium an einer Universität.
Der intellektuelle Mensch ist hingegen sehr wissbegierig, er hinterfragt viel und hat grundsätzlich Spaß am Lernen. In der Berufswahl tendiert er zu Berufen mit hoher intellektueller Wachheit, beispielsweise dem Beruf des Juristen, des Mediziners oder Analytikers. Die meisten Menschen liegen hier in der Mitte und müssen schauen, dass sie weder nur praktisch noch rein theoretisch gefordert werden. Häufig wird dies in den Ausbildungen berücksichtigt: Schulische und betriebliche Ausbildung finden im Wechsel statt. Auch manche Studiengänge, hauptsächlich an Fachhochschulen, sind heute dual angelegt. Studierende an Universitäten sollten aber fast immer eine deutliche theoretische Neigung mitbringen.

Motiv Anerkennung:

An dieser Stelle steht die Frage, wie stark Du nach sozialer Akzeptanz und gesellschaftlicher Zugehörigkeit strebst. Bist Du eher der Selbstbewusste, der sehr von sich überzeugt und unabhängig von der Meinung anderer über sich ist oder bist Du der „durch Lob Motivierte", der unbedingt Fehler auch im Berufsleben vermeiden möchte, da ihm die Meinung anderer sehr wichtig ist. Eine hohe Ausprägung im Motiv Anerkennung kann ausschlaggebend dafür sein, dass sich auch ein sehr praxisorientierter Mensch für ein intellektuelles Studium entscheidet, wenn er oder sie sich vom Studium mehr Erfolg und Wertschätzung verspricht. Die Motivation kann so stark sein, dass sich derjenige tatsächlich durch ein theorielastiges Studium boxt. Wenn das Motiv Anerkennung aber nicht so stark ist wie das Streben nach Praxisrelevanz, ist die Wahrscheinlichkeit groß, dass das Studium nicht durchgehalten, sondern abgebrochen wird.

Motiv Ordnung:
Das Motiv Ordnung beschreibt das Bedürfnis nach Sauberkeit, Stabilität, Klarheit und Organisation. Hier steht der sehr „organisierte Typ" dem „Flexiblen" gegenüber. Für den sehr organisierten Menschen ist die Planung der grundlegende Schlüssel zum Erfolg. Das gilt auch für die eigene Arbeitsweise und das Arbeitsumfeld. Er liebt die Sicherheit

durch feste Abläufe und Gewohnheiten. Lernzusammenfassungen weisen idealerweise klare Strukturen und eine gewisse Ordnung auf. Die folgenden Berufe können für Menschen mit einem starken Ordnungssinn interessant sein: Richter, Finanzbeamte, Steuerberater, Buchhalter, Controller.

Dem gegenüber stehen sehr flexible und spontane Menschen. Sie ordnen sich ungerne festen Prozessen unter, lieben die Entscheidungsfreiheit und können sich schnell auf Veränderungen einstellen – Eigenschaften, die beispielsweise häufig von Managern erwartet werden. Von Polizisten wird hingegen erwartet, dass sie sich einerseits konsequent an Vorschriften und Anordnungen halten. Ihre Aufgabe ist es, Ordnung herzustellen. Gleichzeitig müssen sie sowohl zeitlich als auch inhaltlich flexibel einsetzbar sein und situativ Verhältnisse unterschiedlich beurteilen und entsprechend reagieren können.

Womöglich ist Dir bereits im privaten Umfeld aufgefallen, dass Deine Mutter ein höheres Ordnungsmotiv hat als Du? Ärgert es Dich, wenn Deine Freunde heute zum Training kommen, morgen aber nicht? Finde heraus, welcher Typ Du bist!

Motiv Sammeln/Sparen:

In den extremen Ausprägungen in diesem Motiv steht der „Großzügige" dem „Sammler" gegenüber. Der Großzügige hat kein Problem damit, Dinge loszulassen und wegzuwerfen. Der Sammler hingegen ist sehr sparsam. Er sammelt beispielsweise Informationen, Emotionen, Güter, Ideen, Wissen und Erfahrungen. Für ihn sind vor allem Berufe interessant, die im weitesten Sinne etwas mit Sparen und Sammeln zu tun haben. Als Lagerist, Archivar oder Controller kann beispielsweise sein Bedürfnis nach Sparen und Sammeln befriedigt werden.

Stell Dir in diesem Zusammenhang zwei unterschiedliche Fußballmanager vor. Der Eine entscheidet schnell – manchmal zu schnell -, Spieler zu verkaufen und neue einzukaufen, während der andere lange - manchmal zu lange - an seinen Spielern festhält. Persönliche Werte spielen hier eine große Rolle.

Motiv Ziel-/Zweckorientierung:

Stell Dir das folgende Szenario vor: Du stehst am späten Abend vor einer Fußgängerampel. Die Ampel ist Rot, weit und breit ist kein einziges Auto zu sehen. Was tust Du? Gehst Du bei Rot über die Straße?

Menschen mit einer hohen Ziel-/ Zweckorientierung gehen ohne zu zögern über die Straße. Wieso auch nicht, es kommt ja schließlich kein Auto! Betrachten wir den gegenteiligen Charakterzug, so würde ein ausgeprägt prinzipientreuer Mensch die Straße auch jetzt nicht überqueren, bevor die Ampel grün zeigt. Menschen mit einer stark ausgeprägten Prinzipientreue legen viel Wert auf Regeln, Tradition, Prinzipien und Werte. Passende Berufe für einen prinzipientreuen Menschen wären beispielsweise: Richter, Berufssoldat, Polizist, Beamter, Anwalt oder Wachdienst. Es gibt aber auch viele Berufe, in denen Prinzipien ständig hinterfragt werden müssen, weil alternative Strategien zu Wettbewerbsvorteilen verhelfen. Neue Produkte entstehen, weil Traditionen ständig hinterfragt und neue Märkte definiert werden. Wer im Wettbewerb zu sehr an Prinzipien und alt Bewährtem festhält, hat es häufig schwer, mitzuhalten.

Motiv Idealismus:

Das Motiv Idealismus beschäftigt sich mit dem Streben nach sozialer Gerechtigkeit und Fairness. Hier steht der Realist dem Idealisten gegenüber. Der Idealist hat ein hohes Bedürfnis nach sozialer Gerechtigkeit, er schätzt soziales Engagement und setzt sich gerne für andere Menschen ein. Berufe, die zu einem Idealisten passen können sind: Pflegeberufe, Arzt, Berater, Krankenschwester oder Berufe, die sich mit unserer Umwelt befassen. Beachte aber bitte, dass die Ausprägung weiterer Bedürfnisse bei der Wahl Deines Berufes eine wichtige Rolle spielen. Der Realist will vor allem Gerechtigkeit für sich und seine Familie. Ihm ist das Leid in der Welt nicht egal, jedoch bewegt es ihn emotional nicht so sehr wie den stark ausgeprägten Idealisten, der nachts nicht ruhig schlafen kann. Der Gedanke an die Hungersnot in der Welt oder an aussterbende Tierrassen quält den Realisten nicht ständig, weil er meint, weder dafür verantwortlich zu sein, noch etwas daran ändern zu können.

Motiv Beziehungen:

Wie viel soziale Interaktion brauchst Du am Tag? Bist Du eher ein extrovertierter- oder ein introvertierter Mensch? Den Unterschied haben wir bereits in Kapitel 2 ausführlich besprochen. Von Deinem Privatleben kannst Du Rückschlüsse auf Dein Berufsleben ziehen. Extrovertierte Menschen fühlen sich womöglich in der Politik, dem Verkauf, dem Consulting oder der Psychologie wohl. Introvertierte Menschen hingegen verspüren eine Abneigung gegenüber Berufen, die viele soziale Interaktionen erfordern. Das Streben im Hinblick auf das Beziehungsmotiv kann zudem wertvolle Erkenntnisse darüber liefern, wie man sich das eigene Berufsumfeld vorstellt.

Motiv Schönheit:
Nein, hier geht es nicht um Dein Aussehen! ;-) Das Motiv Schönheit trifft eine Aussage darüber, wie wichtig Dir sinnliche Dinge bzw. eine ästhetische Umgebung ist. Wo würdest Du Dich wohler fühlen, in einer Fabrik, in der Produkte hergestellt werden, in der Natur oder in einem Architekten-Büro, das cool designed ist? Kannst Dir vorstellen, dass sich ein Nerd in einem durchgestylten hellen Büro wohlfühlt?

Motiv Familie:
Das Familienmotiv gibt Dir Aufschluss darüber, wie wichtig es Dir ist, eigene Kinder zu erziehen. Nach dem Reiss Profile steht hier der „Familienmensch" dem „überzeugten Kinderlosen" gegenüber. Auf jeden Fall solltest Du Dir über Dein Familienmotiv intensiv Gedanken machen. Wenn Du den Wunsch hast, eigene Kinder zu haben und Einfluss auf deren

Erziehung zu nehmen, solltest Du dies schon in Deiner Berufswahl berücksichtigen. Ein Job, in dem Du viel reisen musst oder ein Beruf, in dem Du auch bei Nacht arbeiten musst, lässt sich nicht so gut mit der Elternschaft vereinbaren.

Motiv Essen:
Isst Du nur um zu Überleben oder bist Du ein richtiger Gourmet? Ich persönlich freue mich schon nach dem Frühstück auf ein leckeres Mittagessen! ☺ Wenn Du Dich auch so am Essen erfreust, kannst Du diese Erkenntnisse auf zwei Weisen nutzen. Entweder Du findest heraus, dass Dir ein Beruf Spaß machen könnte, der etwas mit der Produktion, Zubereitung, dem Servieren oder Verzehr von Speisen verbunden ist oder Du nutzt die Erkenntnis lediglich als Eigenmotivation. Belohne Dich selbst mit einem leckeren Essen, wenn Du den ganzen Tag gelernt hast.

Motiv körperliche Aktivität:
Deine eigene Ausprägung im Motiv körperliche Aktivität kannst Du vermutlich ganz gut einschätzen. Bist Du eher der „gemütliche Typ" oder der totale „Sportler"?

Als gemütlicher Typ stresst Dich jede Bewegung, Du möchtest am liebsten jegliche körperliche Anstrengung vermeiden. Deine Kraft schöpfst Du aus der Ruhe. Der Sportler hingegen hat ein ausgeprägtes Köpergefühl und -bewusstsein. Er sitzt auf heißen Kohlen, wenn er sich den ganzen Tag nicht bewegen kann. Wenn er im Beruf nur am Schreibtisch sitzen und sich den ganzen Tag nicht bewegen kann, ist er schnell gestresst und gereizt. Dies macht sich oft in Form von Rücken- oder Kopfschmerzen bemerkbar. Der Sportler schöpft Kraft aus der Bewegung.

Motiv Rache/ Kampf:
Im Motiv Rache/Kampf steht der „Kooperative" dem absoluten „Kämpfer" gegenüber. Kooperative Menschen suchen Harmonie, möchten Konflikte vermeiden, reagieren meist ruhig und besonnen. Konflikte mit anderen Menschen und ein zu hoher Wettbewerbsdruck stresst sie enorm. Der Kämpfer ist das krasse Gegenteil dazu. Er ist sehr leistungs- und wettkampforientiert, er sucht die Konfrontation und will unbedingt in allem gewinnen. Diese Menschen sind natürlich auch im Beruf sehr wettbewerbsorientiert und oft bereit, sich besonders anzustrengen, herausragende Ergebnisse abzuliefern (Profisportler, Verkäufer, Unternehmer, Manager).

Um ein Studium oder eine Ausbildung motiviert durchzuziehen, suchen sie sich am besten einen Sparringspartner, an dem sie sich messen können.

Motiv Status:
Wir alle kennen es: Es gibt Menschen, die sich durch ihren Status aus der Masse hervorheben wollen und es gibt Menschen, die eher bescheiden und unbeeindruckt von Reichtum sind. Einen Porsche zu fahren wäre ihnen eher peinlich. An dieser Stelle solltest Du Dir die Frage stellen, wie wichtig Dir ein gewisser Status oder Prestige im Leben ist. Das Statusstreben kann sich in Bezug auf den Beruf in unterschiedlichen Dingen bemerkbar machen. Manche befriedigen ihr Statusstreben über materiellen Reichtum, beispielsweise ein schnelles Auto, andere über berufliche Titel oder die Tatsache, dass sie in einem großen und bekannten Unternehmen arbeiten.

Motiv emotionale Ruhe:
Das Lebensmotiv „emotionale Ruhe“ beschreibt das Bedürfnis nach emotionaler Stabilität und Sicherheit. Manche suchen den Kick im Leben, andere sichern alles ab, was sie tun oder haben, um sich nicht sorgen zu müssen. Das eigene Streben nach emotio-

naler Ruhe hat Einfluss auf den gesamten Berufswahlprozess. Bevorzugst Du einen lebhaften oder entspannten Berufsalltag? Bevorzugst Du ein festes oder flexibles Gehalt? Auch das Bedürfnis nach emotionaler Ruhe ist immer in Kombination mit anderen Lebensmotiven zu sehen. Wenn wir ein grundlegendes Bedürfnis nicht in dem Maße befriedigen können, wie wir uns das vom Leben erhoffen, so sind wir natürlich umso stressanfälliger. Bei viele Arbeitnehmern macht sich dies in Form von Burn-Out, Ängsten, Stress oder Krankheiten bemerkbar.

Hast Du grundsätzlich Schwierigkeiten dabei, Dich in den einzelnen Motiven richtig einzuschätzen? Keine Sorge, das ist am Anfang völlig normal!
Grundsätzlich gibt es 2 unterschiedliche Wege, wie Du Dir einfach Klarheit über Deiner individuelle Bedürfnisstruktur verschaffen kannst und wie Du die Erkenntnisse aus dem Reiss Profile für Deinen Berufswahlprozess nutzen kannst.

Zum einen besteht die Möglichkeit, dass Du Dein eigenes Reiss Profile erstellen lässt und im Anschluss ein mehrstündiges Reflexionsgespräch mit einem ausgebildeten Reiss Profile Coach durchführst. Besonders spannend ist in einem Reflexionsgespräch

Deine Motivkonstellation. Bedürfnisse können sich gegenseitig beeinflussen und verstärken. Wenn Du an einem persönlichen Gespräch Interesse hast, dann schreibe mir gerne eine E-Mail an team@karriere-navi.de oder nutze das Kontaktformular auf unserer Webseite.

Die zweite Möglichkeit besteht darin, dass Du Dich selbst intensiver mit den einzelnen Bedürfnissen und Motiven auseinandersetzt und versuchst, Dich selbst entsprechend einzuordnen. In unserem Video-Kurs zur Berufsorientierung findest Du eine sehr ausführliche Übung, die Dir die Selbstreflexion deutlich erleichtert.

4. Definiere Deine Ziele & Wunschvorstellungen

„Wähle einen Beruf, den Du liebst und Du brauchst keinen Tag in Deinem Leben mehr zu arbeiten.“
Konfuzius

Nachdem Du die erste Selbstreflexion durchgeführt und Dir Klarheit über Deine Persönlichkeit verschafft hast, geht es nun an die Übertragung Deiner Erkenntnisse auf den Berufskontext. Schnapp Dir Deinen Arbeitsordner, den Du für Deine Berufswahl angelegt hast und schau Dir an, welche Erkenntnisse Du bisher gesammelt hast. Wir beschäftigen uns in diesem Kapitel mit der Bestimmung Deiner Wunschvorstellungen! Sei Dir bitte bewusst, dass das Hauptziel Deiner Berufsorientierung immer Dein späterer Beruf ist. Natürlich möchtest Du zunächst die Frage klären, welcher Studiengang oder welche Ausbildung am besten zu Dir passt. Beachte aber bitte, dass der Bildungsweg immer nur ein Zwischenschritt ist. Bei vielen Schülern tritt nach 3 Jahren das böse Erwachen ein, wenn sie merken, dass der Beruf, auf den sie jahrelang hingearbeitet haben, eigentlich nicht ihren Erwartungen entspricht.
Natürlich kann es Dir auch andersherum ergehen: Dein Berufswunsch erfordert vielleicht, dass Du drei Jahre – oder auch länger – in einem Umfeld lernen musst, welches völlig konträr zu dem ist, was Du am

Ende vorfindest. Wenn Du Meister Deines Faches werden möchtest, weil Du gerne andere Menschen anleitest, musst Du erst einmal annehmen, was andere Meister Dir mehre Jahre lang erzählen.

Deine Aufgabe besteht also jetzt in nichts Geringerem als in der Suche nach Deinem Traumjob. Aber was ist überhaupt ein „Traumjob"?
Gab es für Dich schon mal Tage, an denen Du morgens bereits Beine wie Blei oder einen Kloß im Hals hattest, weil Du wusstest, was der Tag für Dich bereithielt? Dann weißt Du auch, welchen Unterschied es macht, wenn man sich beim Aufwachen schon freuen kann auf das, was vor einem liegt und auf die Menschen, die einen umgeben. Etwa ein Drittel Deiner Lebenszeit wirst Du in Deinem Beruf verbringen - es liegt vor allem an Dir selbst, wie Du zukünftig morgens aus dem Bett kommst.
Grundsätzlich bedeutet der Begriff „Traumjob" für jeden von uns etwas anderes. Abhängig von unseren Bedürfnissen, Werten und Erwartungen assoziieren wir unterschiedliche Dinge mit unserem Traumjob. Unser Traumjob erlaubt uns, das, was wir täglich tun und erleben möchten, mit unserer Arbeit zu verbinden. Es gilt also, basierend auf der Reflektion Deiner

Persönlichkeit, möglichst viele derjenigen Bedürfnisse, die den höchsten Einfluss auf Dein Wohlbefinden haben, auf Dein zukünftiges Berufs- und Lebensumfeld zu übertragen.

4.1 Die wichtigsten Aspekte bei der Berufswahl

Wie übertragen wir überhaupt unsere Erkenntnisse auf den Berufskontext? Nacheinander schauen wir uns unterschiedliche Gesichtspunkte an, die bei Deiner Berufswahl eine wichtige Rolle spielen. Über jeden einzelnen Aspekt musst Du dir natürlich intensiv Gedanken machen. Deine Überlegungen bauen natürlich auf Deinem Quick-Check, dem RIASEC-Interessentest, Deinen Erkenntnissen aus der Übung „Dein Horror-Job" und der Reflektion Deiner Persönlichkeit aus Kapitel 3 auf.
Je besser Du Deine jeweiligen Wunschvorstellungen definieren kannst, desto leichter fällt es Dir im Anschluss, den passenden Beruf zu finden.

Mein Tipp an dieser Stelle: Nimm Dir ein weißes Blatt Papier und mache Dir Notizen. Bei der Formulierung Deiner Idealvorstellungen ist der Kritiker in Dir („das klappt sowieso nicht"/„das gib eh nichts" o.ä.) nicht gefragt, Du solltest ihn unbedingt außen vor lassen.

Ich kann es sehr gut nachvollziehen, wenn Du im ersten Schritt noch Schwierigkeiten dabei hast, Deine Wunschvorstellungen klar zu benennen. Alle

Erkenntnisse, die Du in diesem Kapitel sammelst, solltest Du in regelmäßigen Abständen hinterfragen. Durch ein Studium, eine Ausbildung oder ein Praktikum sammelst Du fortlaufend neue Erfahrungen, die Dir dabei helfen, Deine Wunschvorstellungen immer besser wahrzunehmen und zu konkretisieren. Du wirst Dir also mit der Zeit immer sicherer und kannst gegenüber denjenigen, die Dir bei der Berufs- oder Jobwahl helfen wollen genau beschreiben, wonach Du suchst. Genauso kannst Du potentiellen Arbeitgebern, die sich für Dich interessieren, die richtigen Fragen stellen. So erhältst Du wertvolle Hinweise darauf, ob die ausgeschriebene Stelle tatsächlich zu Dir passt.

Deine Anforderungen an den Arbeitsalltag:
Betrachten wir zunächst Deine Anforderungen an den Arbeitsalltag. Wie stellst Du Dir diesen grundsätzlich vor? Sollte dieser besonders abwechslungsreich sein oder bevorzugst Du Routineaufgaben? Hier spielt natürlich die Betrachtung Deiner Lebensmotive eine wichtige Rolle. Mache Dir Gedanken dazu, wie stark Dein Ordnungsmotiv ausgeprägt ist. In welchem Umfang benötigst Du klare Strukturen, Aufgaben und Regeln? Vielleicht bist Du aber auch jemand, der gerne kreative Tätigkeiten ausübt.

An dieser Stelle kannst Du Dir auch die Frage stellen, wie Du zu Dienstreisen stehst. Kannst Du Dir vorstellen, 2-3 Tage in der Woche unterwegs zu sein oder fändest Du gar längere Dienstreisen cool?
Wie wichtig sind Dir geregelte oder flexible Arbeitszeiten? Könntest Du Dir auch vorstellen bei Nacht oder am Wochenende zu arbeiten?
Basierend auf dem Beziehungsmotiv kannst Du bestimmen, wie viel soziale Interaktion Du jeden Tag im Beruf gerne hättest. Könntest Du Dir vorstellen im Kundendienst oder Vertrieb zu arbeiten? Vertrieb würde z.B. bedeuten, dass Du Kunden per Telefon, E-Mail oder Xing akquirierst, Kundentermine wahrnimmst und Verkaufsgespräche führst. Im Kundendienst und Vertrieb sind das in aller Regel sehr viele, aber „relativ" oberflächliche Beziehungen. Ein Key-Account-Manager betreut hingegen Schlüsselkunden und baut häufig auch eine intensivere, persönliche Kundenbindung auf.

Anforderungen an Deine beruflichen Tätigkeiten:

Wenn Du Deine Anforderungen an den Arbeitsalltag definiert hast, kannst Du Dich den konkreten Tätigkeiten widmen. An welchen Tätigkeiten hättest Du Spaß? Willst Du etwas bauen, konstruieren, zeichnen, verkaufen oder doch lieber ordnen und strukturieren? Nimm Dir ein paar Minuten Zeit und mache ein wenig Brainstorming. Ich bin mir sicher, dass Dir ganz unterschiedliche Dinge einfallen werden.

Nehmen wir wieder Bezug auf Deine Lebensmotive, so kannst Du Dir die Frage stellen, wie viel beruflichen Einfluss und Verantwortung Du später einmal ausüben möchtest (Motiv Macht). Möchtest Du Aufgaben delegieren, überwachen und die Verantwortung für die Ausführung der Tätigkeiten übernehmen oder doch lieber unterstützend agieren?

Das zweite wichtige Motiv an dieser Stelle ist Dein Streben nach Teamorientierung. Erledigst Du Aufgaben lieber im Team oder eigenverantwortlich?

Bevorzugst Du praxisorientierte Tätigkeiten oder möchtest Du lieber strategisch, planerisch agieren (Motiv Neugier)?

Mache Dir an dieser Stelle auch Gedanken, wie stark Dein Motiv nach körperlicher Bewegung ausgeprägt ist und wie Du Dir demnach die Durchführung der Berufstätigkeiten vorstellst. Manche Tätigkeiten absolvierst Du am Schreibtisch, während Du bei anderen ordentlich in Bewegung kommst.

Dein Arbeitsumfeld:
Einer der wichtigsten Faktoren bei Deiner Berufswahl ist Deine Anforderung an das Arbeitsumfeld. Überlege Dir zunächst, mit welcher Art von Menschen Du Dich umgeben möchtest. Betrachte an dieser Stelle unbedingt erneut den RIASEC-Interessentest. Möchtest Du beispielsweise lieber mit sozial engagierten oder unternehmerisch orientierten Menschen zusammenarbeiten? Mit kreativen, extrovertierten Typen? Mit ruhigen, nachdenklichen Kollegen?
Im nächsten Schritt kannst Du Dir auch überlegen, wo Du überhaupt arbeiten möchtest. In der Natur, einer Fertigungshalle, einem Laden, Warenhaus, in der Gastronomie, in einem Unternehmen oder im öffentlichen Dienst?
Mit Bezug auf das Reiss Profile kannst Du analysieren, in welchem Berufsumfeld Deine Bedürfnisse am ehesten berücksichtigt werden. Dies betrifft vor allem Dein Streben nach gesellschaftlicher Anerkennung, nach Status und emotionaler Ruhe.
Hast Du darüber hinaus schon eine konkrete Vorstellung davon, wie Dein späterer Arbeitsplatz aussehen sollte? Wie würdest Du Dein Büro ausstatten?

Dein Bildungs- und Karriereweg:

Blicke nun in die nächsten 5 bis 15 Jahre. Was möchtest Du in Deinem späteren Berufsleben alles erreichen? Deine ersten Ziele, Wünsche und Visionen hast Du Dir bereits im Quick-Check notiert. Fallen Dir weitere Ansprüche ein? Möchtest Du irgendwann eine bestimmte Führungsposition übernehmen? Vielleicht möchtest Du erst einmal als Handwerker arbeiten, könntest Dir aber vorstellen, später als Meister im Betrieb oder einer Berufsschule junge Menschen anzuleiten. Bist Du bereit für „lebenslanges Lernen“?

Mit Deinem konkreten Bildungsweg beschäftigen wir uns intensiv im Kapitel „Finde die passende Strategie“. Dennoch kannst Du Dir an dieser Stelle bereits Gedanken machen, wo Du studieren oder eine Ausbildung absolvieren möchtest. Bleibst Du zunächst Zuhause wohnen? Möchtest Du in einer anderen Stadt leben? Auch eine Ausbildung kannst Du im Ausland absolvieren.

Diesen Interessen sollte mein Beruf entsprechen:

Im Laufe dieses Buches haben wir bereits darüber gesprochen, dass sich Interessen im Laufe der Zeit verändern können. Dennoch solltest Du Deinen Interessen im Rahmen der Berufswahl ausreichend Beachtung schenken. Du kannst hier auch wieder einen Blick auf Deine Hobbys oder die Schulfächer werfen, die Dir Spaß gemacht haben. Du hast großes Interesse an Fremdsprachen? Sollten demnach auch in Deinem Traumjob Fremdsprachen eine Rolle spielen?

Meine präferierten Branchen:
Von den eigenen Interessen können wir Rückschlüsse auf die präferierte Branche ziehen. Du kommst allerdings nicht drum herum, Dich intensiv mit unterschiedlichen Branchen auseinanderzusetzen. Informiere Dich ausreichend über die unterschiedlichen Wirtschaftszweige und überlege im Anschluss, welche Branche am besten zu Deinen Interessen, Bedürfnissen und Werten passt. Dabei können Dir auch Lehrer, Dozenten, Eltern helfen. Jeder, der bereits im Wirtschaftsleben tätig ist, hat vermutlich mehr Einblick in die Vielzahl von Möglichkeiten, die sich Dir bieten.
Erstelle Dir quasi eine Rangfolge interessanter Branchen. Bedenke immer, dass Du ein und denselben Beruf in ganz unterschiedlichen Branchen ausüben kannst. Wenn Du Techniker oder IT-Spezialist

wirst, kannst Du beispielsweise sowohl in der Automobilindustrie als auch in der Textilbranche tätig werden. Kaufmännische Berufe werden bei der Bundeswehr ausgeübt, aber auch in kirchlichen Verbänden. Überlege Dir schon im Vorfeld, worauf Du am meisten Bock hättest.

Sonstige Hygienefaktoren:
Wenn wir von Dingen sprechen, die grundsätzlich vorhanden sein müssen, damit Du Dich in Deinem Beruf wohlfühlst, handelt es sich um sogenannte Hygienefaktoren. Nach vielen Wissenschaftlern, wie beispielsweise Herzberg, sind Hygienefaktoren die absolute Voraussetzung für Arbeitszufriedenheit. Ist Dein Arbeitsplatz beispielsweise staubig und kalt oder Du erhältst nur ein geringes Gehalt für Deine schwere Arbeit, so stellt sich Arbeitsunzufriedenheit ein. Überlege Dir an dieser Stelle also noch einmal, was für Dich persönlich gegeben sein **muss**, damit Du Dich im Berufsleben wohl fühlst. Du kannst die Übung „Dein Horror-Job" auch gerne ein zweites mal durchführen. An dieser Stelle spielt auch die Höhe Deines angestrebten Gehalts eine wichtige Rolle. Du wirst mir vermutlich in diesem Punkt widersprechen, aber die Verdienstmöglichkeiten sind **nicht** das Allerwichtigste! Dein Gehalt ist von vielen

unterschiedlichen Faktoren abhängig. Beispielsweise von Deiner Position im Unternehmen, vom Unternehmen selbst oder von Deinem Engagement. Spätestens dann, wenn Du Dich selbstständig machst, sind Deinem Einkommen, unabhängig von Deiner Berufsbezeichnung, keine Grenzen gesetzt. Ein Bäcker hat in Australien eine eigene Bäckerei-Kette etabliert und damit Millionen verdient. Du musst nur besonders gut in Deiner Sache sein – und das wirst Du nur, wenn Du Deine Berufung findest und sie mit Leidenschaft und Freude ausführst!

4.2 Dein idealer Arbeitstag

Na, schon wertvolle Erkenntnisse gewonnen? Um unser Brainstorming noch ein wenig anzukurbeln, führen wir jetzt noch eine kleine Übung durch. Stell Dir mal vor, Du bist bereits berufstätig. Wie würdest Du Dir Deinen idealen Arbeitstag vorstellen? Denk intensiv darüber nach und durchlebe Dein Wunschszenario. Die folgenden Fragen dienen Dir als Orientierung.

- Um wie viel Uhr stehst Du morgens auf?
- Womit beginnt Dein Tag?
- Wann gehst Du zur Arbeit?
- Was ziehst Du an? (Uniform/ Anzug/ Blaumann/ ...)
- Wohin würdest Du gehen? (Büro/ Natur/ Werkstatt/ ...)
- Oder bleibst Du im Homeoffice?
- Was würdest Du als erstes machen, wenn Du im Büro angekommen bist? (Einen Kaffee trinken mit Kollegen oder Deine E-Mails checken?)
- Welche Tätigkeiten würdest Du ausüben?

- Mit welchen Themen würdest Du Dich gerne beschäftigen?
  (Politik/Mode/Sport/...)
- Schau Dich mal um. Mit wie vielen Leuten sitzt Du im Büro bzw. mit wie vielen arbeitest Du zusammen?
- Wer bist Du?
  (Der Chef/Kollege/Abteilungsleiter/...)
- Was machst Du in Deiner Mittagspause? (Direkt etwas essen/ Sport/ Spaziergang/ lesen ...)
- Um wie viel Uhr machst Du Feierabend?
- Was machst Du als erstes, wenn Du Zuhause angekommen bist?

Hast Du Deine Augen geschlossen und den Tag vor Deinen Augen ablaufen lassen? Top! Wenn Du neue Impulse für Deine Berufswahl gesammelt hast, vervollständige Deine Notizen aus den vorherigen Kapiteln und Übungen. Natürlich ist die Gestaltung des eigenen Arbeitstages nicht immer ein Wunschkonzert. Dennoch hilft uns die Übung „Dein idealer Arbeitstag“ enorm dabei, unsere Wünsche zu konkretisieren und unterschiedliche Berufsmöglichkeiten zu bewerten und zu selektieren.

Für weitere Übungen und Techniken kannst Du gerne einen Blick in unseren Video-Kurs werfen. Je mehr Du Dich mit dem Thema auseinandersetzt, desto leichter fällt es Dir auch. Hier findest Du weitere Informationen:
https://karriere-navi.de/online-kurs/.

4.3 Den richtigen Beruf finden

Yeah, jetzt geht es endlich an die konkrete Suche nach dem passenden Beruf! Durch die Definition Deiner entscheidenden Auswahlkriterien kannst Du Dich nun ganz gezielt auf die Suche nach Deinem Traumjob machen. Aus dem Dschungel der unendlichen Informationsangebote kannst Du konkret die Berufe herausfiltern, die Deinen Erwartungen entsprechen. Jetzt ist auch die ideale Zeit für den Berufsberater – es sei denn, Du gerätst an jemanden, der nicht Deine Berufsziele im Fokus hat, sondern die ihm vorliegenden offenen Stellen. Lass Dich von Deinen Zielen nicht abbringen. Es gibt weitaus mehr Arbeitgeber als die Bundesagentur für Arbeit anzubieten hat. Du musst allerdings selbst initiativ werden. Dass Du das kannst, ergibt sich daraus, dass Du dieses Buch liest und Verantwortung für Dich und Deinen Berufsweg übernimmst.
Entscheide Dich letztlich für den Beruf, der am ehesten Deinen persönlichen Bedürfnissen entspricht. Idealerweise überprüfst und reflektierst Du Deine Entscheidung im Rahmen eines Praktikums. Unterscheide aber auch da, welche Erfahrungen abhängig vom Unternehmen sind und welche vom Beruf an sich. Wenn der Meister im Betrieb nicht Deine

Sprache spricht, dann passt der Beruf vielleicht trotzdem.
Du ahnst es schon! An dieser Stelle ist erneut Deine Mitarbeit gefragt. Ohne, dass Du Dich intensiv mit unterschiedlichen Berufen auseinandersetzt, funktioniert die Berufswahl nicht. Entscheidend ist auch an dieser Stelle eine strukturierte Vorgehensweise. Wenn Du heute nach dem Beruf „Schreiner" googelst, morgen nach „Arzt" und übermorgen nach dem Beruf des „Wirtschaftspsychologen", kann sich Deine Informationssuche endlos in die Länge ziehen. Du kannst Dich so zunächst über hunderte, vielleicht sogar tausende Berufe informieren, bevor Du den passenden gefunden hast. Ich schlage Dir eine andere Vorgehensweise vor!
Betrachte im ersten Schritt unterschiedliche Berufsfelder/Berufsbranchen
(https://karriere-navi.de/berufsfelder/).
Diese fassen eine ganze Fülle von verwandten Berufen unter einem einheitlichen Oberbegriff zusammen. Du näherst Dich also zunächst aus der Vogelperspektive einer ganzen Gruppe von Berufen. So kannst Du Dir anschauen, welche Berufsgruppen für Dich generell in Frage kommen. Streiche direkt die Berufsgruppen weg, die Du kategorisch ausschließen kannst. Mit den überbliebenen beschäftigst Du

Dich intensiver. Wenn Du dann 2 oder 3 interessante Berufsgruppen herausgefiltert hast, verfeinerst Du Deinen Blickwinkel. Schaust Du Dir die unterschiedlichen Berufe eines Berufsfeldes an, so kannst Du die gleiche Vorgehensweise erneut anwenden: Alles wegstreichen, was schon mal definitiv rausfällt! Du wirst schnell merken, dass Du innerhalb kürzester Zeit eine grobe Selektion der unterschiedlichen Berufsmöglichkeiten vornehmen kannst.

Wenn Du einen spannenden Beruf gefunden hast, geht es an die gezielte Informationssuche. Versuche möglichst viel über den Beruf herauszufinden. Wie sehen unterschiedliche Berufsumfelder aus, in denen man den Beruf ausüben kann, wie sieht der klassische Arbeitsalltag aus, welche Interessen sollte man grundsätzlich mitbringen? Lese Dir unterschiedliche Erfahrungsberichte durch, schaue YouTube-Videos, befrage Eltern, Freunde oder Bekannte und versuche Kontakt zu Menschen aufzunehmen, die bereits in diesem Beruf tätig sind. Auch das klappt in der Regel einfacher, als zunächst gedacht.

Nutze das soziale Netzwerk Xing, um Dich in der Arbeitswelt selbst zu vermarkten und knüpfe erste Kontakte. Anders als bei Facebook ist es hier üblich, dass Du Menschen eine Kontaktanfrage sendest, die Du noch gar nicht kennst. Stelle ihnen eine Anfrage

zum Vernetzen und teil ihnen direkt den Grund Deiner Anfrage mit. Du wirst erstaunt sein, wie viele Dich ihrem Netzwerk hinzufügen und gerne von ihren Erfahrungen berichten. Am besten suchst Du Dir 5 verschiedene präferierte Berufe aus, die Du dann im Anschluss miteinander vergleichen kannst. Wenn es Dir schwerfällt, passende Berufe zu finden, gehe noch einmal einen kleinen Schritt zurück. Widme Dich erneut dem Quick-Check und der Reflektion Deiner Persönlichkeit.
Du hast einen coolen Beruf ins Auge gefasst, bist Dir aber noch unsicher, ob Du Dich wirklich für ihn entscheiden solltest? Du kannst an dieser Stelle natürlich den Rat eines Berufsberaters einholen oder Dich noch weiter informieren, um Deine letzten Zweifel aus der Welt zu schaffen.

Beachte aber bitte: Du kannst nie schon im Vorfeld sicher sein, dass Beruf und Arbeitgeber 100%ig zu Dir passen. Aber das ist auch nicht notwendig! Das ist nicht unser Ziel! Das wäre schlichtweg eine Illusion! Du bist jung, sammelst Erfahrungen, kannst wechseln, korrigieren, auf Gelerntem aufbauen. Es braucht Mut, eine so wichtige Entscheidung zu treffen. Aber wenn Kopf und Bauchgefühl zusammenpassen, ist es einfacher und zielführender, als wenn Du Deine Wahl unüberlegt triffst oder die Entscheidung anderen überlässt.

Deshalb bedenke: Irgendwann auf Deiner Suche kommst Du zu dem Punkt, dass mehr Informationen Dir überhaupt keine neuen Erkenntnisse mehr liefern. Unterziehe den Beruf einfach einem umfassenden Check, basierend auf den Kriterien, die wir in den vorherigen Kapiteln besprochen haben. Die Chance, dass Du Dich nicht mehr umorientieren musst, sondern darauf aufbauen kannst, sind nach Deiner intensiven Reflektion um ein Vielfaches höher! Logisch, oder?
Es gibt grundsätzlich noch eine andere Vorgehensweise, wie Du Dich ganz strukturiert Deinem Traumjob nähern kannst. Betrachte zunächst unterschiedliche Oberkategorien von Studiengängen oder Ausbildungsberufen. Wenn Du eine erste Selektion der Oberkategorien vorgenommen hast, kannst Du Dich den einzelnen Studiengängen bzw. Ausbildungsberufen nähern und Dich im Anschluss darüber informieren, welche Berufsmöglichkeiten Dir damit offenstehen. Eine Anleitung dazu findest Du in unserem Video-Kurs zur Berufsorientierung.

4.4 Beruf ist nicht gleich Beruf

Du hast einen spannenden Beruf gefunden? Dann schon mal herzlichen Glückwunsch! An dieser Stelle möchte ich Deine Euphorie keinesfalls bremsen, aber es gibt noch eine kleine Sache, die wir besprechen müssen.

Bei der Berufswahl kommt es nicht nur darauf an, dass wir den passenden Beruf gefunden haben. Wichtig ist, dass wir die Rahmenbedingungen des Berufes im Auge haben und schon im Vorfeld unter die Lupe nehmen. Warum beschäftigen wir uns jetzt nochmals explizit mit den Rahmenbedingungen?
Die Rahmenbedingungen im Beruf können ausschlaggebend dafür sein, dass Dir ein und derselbe Beruf Spaß machst oder Du Deine Arbeit verfluchst. Auch wenn die Berufsbezeichnung die gleiche ist, so kann der Arbeitsalltag sowie das Arbeitsumfeld komplett unterschiedlich sein.

Stell Dir an dieser Stelle den Beruf eines Physikers vor. Wenn Du Dein Physik-Studium erfolgreich abgeschlossen hast, stehen Dir ganz unterschiedliche Berufsmöglichkeiten offen. Du kannst entweder an einer Hochschule oder an einem Institut forschend tätig sein. Zusätzlich hat aber auch fast jedes Technologie-Unternehmen heutzutage eine Forschungseinrichtung, in der auch Physiker arbeiten. Es stehen Dir dabei alle Branchen offen: Die Automobilindustrie, Pharma-Konzerne, Maschinenbau-Unternehmen, Raumfahrt-Industrie, aber auch alle anderen technischen Berufsfelder. Dazu zählt beispielsweise die Militärtechnik, zivile Schifffahrt und Luftfahrt. Ein weiterer Berufsweg ist die lehrende Tätigkeit, z.B. als Professor an einer Universität oder als Lehrer an einer Schule. Sogar die Position eines Managers kann von einem Physiker übernommen werden. Es gibt auch Physiker, die sich aus der Forschung heraus selbstständig gemacht haben.

Du siehst also, dass man mit einem Studienabschluss ganz unterschiedliche Berufswege einschlagen kann. Wenn Du Dir der unterschiedlichen Möglichkeiten schon im Vorfeld bewusst bist, kannst Du Deine eigene Berufslaufbahn leichter und schneller nach Deinen eigenen Wünschen gestalten. Deine Auswahl wird dadurch nicht kleiner.

Wenn Du Deinen Traumberuf gefunden hast, schau Dir unbedingt auch die dazugehörigen Fachrichtungen, verwandte Berufe sowie Berufsalternativen an.

Entweder Du siehst, dass eine der Alternativen noch besser zu Dir passt oder Du hast bereits einen Plan B in der Hand, der auch gut zu Dir passen könnte. Natürlich nur für den Notfall, falls Dein Plan A nicht funktionieren sollte oder zurzeit nicht erreichbar erscheint.

Lass mich ehrlich zu Dir sein: Auch ich war mir damals dessen nicht bewusst. Ich habe mich damit zunächst nicht beschäftigt. Erst das Reiss Profile Coaching hat mich auf die Idee gebracht darüber nachzudenken. Mittlerweile weiß ich, welchen enormen Einfluss die Ausgestaltung der Rahmenbedingungen auf die Arbeitszufriedenheit bzw. -unzufriedenheit hat. Sogar bei der Ausgestaltung des Bildungsweges spielt dieser Aspekt eine entscheidende Rolle.

5. Finde die passende Strategie

„Ein Ziel ohne Plan bleibt ein Wunsch."
Antoine de Saint-Exupéry

Deinen Traumjob hast Du klar im Visier. Jetzt fehlt Dir nur noch die passende Strategie, der passende Weg, wie Du diesen erreichen kannst. Grundsätzlich gibt es mehrere ganz unterschiedliche Wege, die Dich zum Ziel führen können. Stell Dir vor, Du fährst in den Urlaub. Wenn Du Deinen Navi einstellst, kannst Du zwischen unterschiedlichen Routen wählen. Zwischen der schnellsten über die Autobahn, der kürzesten und einer längeren, die abseits der Autobahn über die Dörfer führt. Die kürzeste Route ist nicht immer die schnellste. Neben der Eingabe des Ziels musst Du natürlich auch Deinen Startpunkt, Deine IST-Situation berücksichtigen. Es gilt nun herauszufinden, welcher Weg für Dich der passende ist. Stelle Dich darauf ein, dass Du gegebenenfalls einen Umweg zum Ziel einschlagen musst.

Dies knüpft direkt an die Gestaltung des Bildungsweges an. Zunächst einmal solltest Du Deine unterschiedlichen Möglichkeiten, ans Ziel zu kommen, kennenlernen. Viele Schüler bringen ihre PS gar nicht erst auf die Straße, weil sie keinen Weg sehen. Sie geben viel zu schnell auf. Informiere Dich auf

jeden Fall umfassend über unterschiedliche Bildungswege im Internet oder vereinbare einen Termin bei der Arbeitsagentur, um Dir die Suche zu erleichtern. Es können sich völlig ungeahnte Perspektiven für Dich ergeben! Wusstest Du, dass Du auch ohne Abitur studieren kannst? Wusstest Du, dass Unternehmen häufig Studienkosten übernehmen? Wusstest Du, dass Handwerksmeister auch als Lehrer arbeiten können?
Im Rahmen dieses Buches ist es nicht möglich, alle unterschiedlichen Bildungswege in ihrer Gesamtheit zu besprechen. Es gibt sogar Unterschiede zwischen einzelnen Bundesländern. Du hast aber erkannt, wie wichtig es ist, sich zu informieren, zu reden und nachzudenken. Wahrscheinlich merkst Du an dieser Stelle, warum wir Dich immer ermutigt haben, Deine Träume zu formulieren, nicht zu schnell aufzugeben oder nur auf bisherige Noten zu schauen. Selbst dann, wenn Du herausfindest, dass Du Deinen angestrebten Beruf nicht sofort verwirklichen kannst, wirst **DU** nicht den Kopf hängen lassen. Du weißt ja jetzt, dass Du entweder über Umwege zum Ziel kommst oder über alternative Berufe, die Deinem Traumjob sehr verwandt sind.

Ein Psychologie-Studium scheint Dir wünschenswert aber unerreichbar? Die Bereiche Sozialpädagogik, Heilpädagogik, Wirtschaftspsychologie oder Soziologie bieten Dir hingegen attraktive Alternativberufe mit teils ähnlichen Tätigkeiten und Arbeitsumgebungen.

„Hätte ich das mal vorher gewusst" sagen viele, die ihre alternativen Marschrouten erst kennenlernen, nachdem sie erst einmal auf die Nase gefallen sind! Kümmere Du Dich jetzt und erspare Dir schmerzhafte Erfahrungen!

Wenn Du nun erkannt hast, dass Du verschiedene Alternativen hast, solltest Du vor der Entscheidung für den optimalen Bildungsweg natürlich auch Deine Persönlichkeit berücksichtigen. Du erinnerst Dich? Ein Blick auf Deine Bedürfnisse und die gewünschten Rahmenbedingungen ist hier entscheidend. Beispielsweise, wenn Du vor der Entscheidung stehst, ob eine Ausbildung oder ein Studium besser zu Dir passt, ob Du besser an einer Universität oder einer Fachhochschule mit dualem System studierst.
Ich beispielsweise war schon immer sehr praxisorientiert. Das Lernen fällt mir bei gegebenem Praxisbezug deutlich leichter. Aufgrund dessen habe ich

mich für einen dualen Studiengang an einer Fachhochschule (FH) entschieden. Für mich waren die vorgegebenen Strukturen der FH super und ich konnte gelernte Studieninhalte sofort in meinen Praxisphasen im Unternehmen umsetzen.

Im Folgenden werden wir die Grundsatzentscheidungen zwischen einem Studium und einer Ausbildung sowie zwischen einer Universität und einer Fachhochschule besprechen. Zusätzlich wirst Du sehen, dass Du nicht zwingend studieren musst, um hohe Ziele zu erreichen.

5.1 Studium vs. Ausbildung

Wie findest Du heraus, ob eher eine Ausbildung oder ein Studium zu Dir passt? In vorherigen Kapiteln haben wir bereits unterschiedliche Motive und deren enormen Einfluss auf die Wahl zwischen einem Studium und einer Ausbildung besprochen. An dieser Stelle möchte ich noch einmal explizit auf die Motive „Status“, „Anerkennung“, „emotionale Ruhe“ und „Neugier“ Bezug nehmen und Dir ein paar weitere Tipps an die Hand geben, mit denen Dir Deine Entscheidung leichter fallen kann.

Eine erste Orientierung bietet der eigene Lerntyp. Hier steht die Frage im Mittelpunkt, ob Du eher nach intellektuellem Wissen strebst oder nach praktischer Relevanz (Motiv Neugier). Fällt Dir das Lernen mit praktischem Bezug leichter, also das anwendungsorientierte Lernen?
Dies würde tendenziell für eine Ausbildung sprechen, da Du hier direkt ins Berufsleben starten kannst. Du siehst also direkt, wofür Du lernst und kannst Deine Kenntnisse gleichzeitig umsetzen.

Wenn Du jedoch studieren möchtest, eignet sich vielleicht das Studium an einer Fachhochschule oder gar ein duales Studium besser für Dich. Hier hast Du i.d.R. deutlich mehr Praxisbezug als an einer öffentlichen Universität. Du kannst im Studium also Rahmenbedingungen schaffen, um Dein Bedürfnis nach Praxisorientierung zu befriedigen.

Natürlich spielen bei der Entscheidung zwischen einem Studium und einer Ausbildung noch andere wichtige Faktoren eine Rolle. Lass uns zunächst einmal die Hauptgründe für eine Ausbildung bzw. ein Studium besprechen:

Hauptgründe für eine Ausbildung	**Hauptgründe für ein Studium**
- Sofort Geld verdienen - Praktische Erfahrungen sammeln - Gute Übernahmechancen - Direkter Start ins Berufsleben	- Gute Karriere- & Aufstiegschancen - „vermutlich“ besserer Verdienst - Geringere Gefahr vor Arbeitslosigkeit - Flexibilität im Berufsleben

... gibt es für Dich noch weitere wichtige Kriterien?

Auch bei der Wahl des Bildungsweges ist das Streben nach einem gewissen Status häufig mit entscheidend. Wie in den vorherigen Kapiteln beschrieben, gibt es viele Studenten, die sich für ein Studium entschieden haben, weil sie glauben, es falle Ihnen dadurch leichter, sich einen gewissen Status und Wertschätzung im Leben zu erarbeiten. Ein Studium heißt für viele auch eine höhere Chance auf einen festen Arbeitsplatz, ein höheres Einkommen und damit ein Stück weit mehr Sicherheit (Motiv „Emotionale Ruhe“).

VORSICHT: Das heißt nicht, dass man dies nicht auch durch eine klassische Berufsausbildung erreichen kann!

Wenn Du eine Ausbildung präferierst, so kannst Du Dich in der Regel zwischen einer betrieblichen bzw. dualen Ausbildung, einer schulischen und einer Sonderausbildung für Abiturienten entscheiden. Die betriebliche bzw. duale Ausbildung verbindet die Theorie mit der Praxis. So besuchst Du eine Berufsschule und arbeitest zusätzlich in einem Ausbildungsbetrieb.

Im Gegensatz dazu findet die schulische Ausbildung in Form von Vollzeitunterricht statt. Unter bestimmten Voraussetzungen (Vorbildung oder Ausbildungsleistungen) kann die Ausbildungszeit verkürzt werden. Ein (Fach-)Abitur qualifiziert Dich außerdem für eine Sonderausbildung. Ähnlich wie bei der betrieblichen Ausbildung wechseln sich Theorie- und Praxisphasen ab. Zusätzlich erarbeitest Du Dir eine Zusatzqualifikation in einer bestimmten Fachrichtung. Man spricht hier auch von einer doppelt qualifizierenden Erstausbildung.

Auch bei einem dualen Studium hast Du unterschiedliche Möglichkeiten, unterschiedliche Studienmodelle, zwischen denen Du wählen kannst. Ein duales Studium verbindet grundsätzlich ein Hochschulstudium mit einer Berufsausbildung oder eben mit der Praxis. Hier kannst Du zwischen einem ausbildungsintegrierten, praxisintegrierten, berufsintegrierten und berufsbegleitenden dualen Studium unterschieden.
Bei dem ausbildungsintegrierten Studium verbindest Du das Studium mit einer beruflichen Ausbildung. Das heißt Du schließt mit einem Partnerunternehmen einen Ausbildungsvertrag ab und absolvierst

parallel zum Studium einen klassischen Ausbildungsberuf. Du machst beispielsweise eine Ausbildung zum Kaufmann für Groß- und Außenhandel und studierst daneben Betriebswirtschaft.
Im praxisintegrierten dualen Studium hast Du diese Zusatzausbildung (hier im Beispiel: „Kaufmann für Groß- und Außenhandel") nicht. Du verbringst lediglich die Praxisphasen in einem Unternehmen. Hier finden beispielsweise die Theorie- und Praxisphasen im Wechsel statt.
Das berufsintegrierte duale Studium ist etwas für Berufstätige, die schon viele Jahre Berufserfahrung haben und sich noch weiterentwickeln. Dabei geht man seiner beruflichen Tätigkeit nach, allerdings mit reduzierten Arbeitsstunden und nebenbei wird studiert. Das Besondere am berufsintegrierten dualen Studium ist zudem, dass Du häufig weder die Fachhochschulreife, noch die allgemeine Hochschulreife benötigst. Wenn Du Deine Ausbildung abgeschlossen hast und im Anschluss bei einem Unternehmen arbeitest, kannst Du auch ohne Abitur in Dein Studium starten. Die Dauer der benötigten Arbeitserfahrung kann von Studiengang zu Studiengang und von Bundesland zu Bundesland variieren.

Bei dem berufsbegleitenden dualen Studium absolvierst Du ein Fernstudium neben Deiner Berufstätigkeit, studierst abends oder am Wochenende. Anders als bei dem berufsintegrierten dualen Studium findet hier keine Reduktion Deiner Arbeitsstunden statt. Die Studieninhalte in einem berufsbegleitenden dualen Studium müssen nicht in einem direkten Zusammenhang mit dem ausgeübten Beruf stehen. Beachte auch, dass es bei den dualen Studiengängen auch unterschiedliche Zeitmodelle gibt. Du kannst grundsätzlich zwischen einem Blockmodell, Wochenmodell und einem Modell unterscheiden, bei dem Theorie und Praxis parallel ablaufen. Bei dem Blockmodell sind alle Zeiten, die Du an einer Fachhochschule oder bei einem Partnerunternehmen verbringst, in größere Blöcke (i.d.R. 3 Monate) eingeteilt. Diese Form des Blockunterrichts findet im Wechsel statt. Bei dem Wochenmodell wechseln sich Praxis und Theorie unter der Woche ab. So befindest Du Dich beispielsweise montags und dienstags in der Uni und arbeitest den Rest der Woche in Deinem Partnerunternehmen. Zu guter Letzt gibt es noch das Zeitmodell, bei dem Theorie und Praxis parallel ablaufen. Das ist insbesondere bei dem berufsintegrierten und berufsbegleitenden dualen Studium der Fall. Du besuchst beispielsweise abends oder am Wochenende Deine Vorlesungen. Darüber hinaus hast Du die Möglichkeit, Dir bei einem Fernstudium die Zeit selbst einzuteilen.

Du merkst, die Entscheidung, ob eher ein Studium oder eine Ausbildung zu Dir passt, ist nicht ganz einfach zu beantworten. Diese Entscheidung ist immer individuell zu treffen und von mehreren Bedürfnissen und Erwartungen abhängig. Durch die bewusste Ausgestaltung Deines Bildungsweges kannst Du auch die Rahmenbedingungen während einer Ausbildung oder einem Studium bestimmen.

Wenn Du hierzu noch Fragen hast und über Deine konkrete Situation sprechen möchtest, dann melde Dich gerne über das Kontaktformular auf unserer Webseite www.karriere-navi.de bei uns.

Merke: Deine individuelle Persönlichkeit ist auch bei der Entscheidung „Studium vs. Ausbildung“ Dein Schlüssel zum Erfolg!

5.2 Universität oder Fachhochschule

Du hast Dich dazu entschieden zu studieren? Dann solltest Du Dir an dieser Stelle noch ein paar weiterführende Gedanken machen. Die Unterschiede zwischen Universität und Fachhochschule sind nicht unerheblich und die Rahmenbedingungen im Studium beeinflussen Deine Leistungsfähigkeit maßgeblich. Deine Wahl zwischen diesen beiden Alternativen kann sogar ausschlaggebend dafür sein, ob Dir ein und derselbe Studiengang gefällt oder nicht. Vielen Schülern ist dennoch der große Unterschied zwischen einem Studium an einer Universität und einem Studium an einer Fachhochschule gar nicht bewusst. Stattdessen hört man immer wieder von dem Vorurteil, dass der Abschluss an einer Universität mehr wert sei als der Abschluss an einer Fachhochschule. Dieser Gedanke sollte Deine Wahl nicht entscheiden. Er ist erstens falsch und zweitens nicht geeignet, Deinen persönlichen Motivatoren gerecht zu werden.

Der Abschluss an einer Fachhochschule ist, trotz der häufig niedrigeren Zulassungsvoraussetzungen, genauso viel wert wie der Abschluss an einer Universität. Viele Unternehmen schätzen sogar die hohe Praxisorientierung einer Fachhochschule.

Im Folgenden erkläre ich Dir nun die wesentlichen Unterschiede und gebe Dir wertvolle Tipps, damit Du Dich leichter für eine der beiden Optionen entscheiden kannst.

Eine Sache vorweg: Nicht alle Studiengänge kannst Du sowohl an einer Universität als auch an einer Fachhochschule gleichermaßen absolvieren. Auch Dein Schulabschluss (Fachhochschulreife/ allgemeine Hochschulreife/ fachgebundene Hochschulreife) entscheidet hier mit. In manchen Bundesländern kannst Du eingeschränkt sogar ohne Abitur studieren. Wir beschäftigen uns hier allerdings nicht mit den Zugangsvoraussetzungen, sondern lediglich mit dem Unterschied zwischen Fachhochschule und Universität.

Praxis vs. Theorie

In der Regel ist ein Studium an einer Fachhochschule deutlich praxisorientierter als das Studium an einer Universität. Insbesondere dann, wenn Du Dich für ein duales Studium an einer Fachhochschule entscheidest. Die Universität hat in der Regel einen wissenschaftlicheren Fokus. Du weißt bereits, dass an dieser Stelle Dein Lerntyp eine entscheidende Rolle spielt.

Kurz zur Erinnerung:

- Ein ausgesprochen praxisorientierter Mensch bevorzugt anwendungsorientiertes Lernen → Fachhochschule
- Ein ausgesprochen intellektueller Mensch hat Spaß daran, sich tiefsinniges Wissen anzueignen → Studium an einer Universität

Die Dozenten an einer Fachhochschule kommen meist aus der Praxis. Sie haben entweder vor Ihrer Tätigkeit als Dozent viele Jahre in der Praxis gearbeitet oder tun es immer noch. Dies spricht ebenfalls für eine höhere Praxisorientierung der Fachhochschule.

Großer Hörsaal vs. Vorlesung in Kleingruppen

Die Vorlesungen an einer Universität finden in großen Hörsälen mit zum Teil mehreren hundert Studierenden statt. An einer Fachhochschule studierst Du in Kleingruppen mit oft 15-30 Studenten.

Wo würdest Du Dich wohler fühlen?

In einem kleinen Kurs an der FH oder in einem großen Hörsaal an der Uni? Den Unterricht an einer FH kannst Du mit Deinem Schulunterricht vergleichen. Du bekommst zwar keine mündliche Note, aber Du hast die Chance, dem Dozenten Deine persönlichen Fragen zu stellen.
Bedenke, dass Du während Deines gesamten Studiums die gleiche Kursgruppe beibehältst.
Die Anonymität an einer Uni kann auch durchaus Ihre Vorteile haben. Hier lernst Du im Laufe der Zeit viel mehr Studenten kennen. Deinen Freundeskreis kannst du quasi ständig erweitern. Du kannst Dir an der Uni aussuchen, mit welchen Menschen Du Dich im Studium umgeben willst.

Auch hier solltest Du Dir wieder die folgende Frage stellen: Bist Du ein sehr extrovertierter oder introvertierter Mensch?

Extrovertierte Menschen bevorzugen einen großen Freundeskreis. Sie haben Spaß daran, neue Leute kennen zu lernen und bevorzugen gegebenenfalls das Studentenleben an einer Universität.

Introvertierte Menschen haben ein Bedürfnis nach wenigen aber dafür intensiven Kontakten. Sie fühlen sich tendenziell in einer kleineren Gruppe wohler.

Fester Stundenplan vs. flexible Zeiteinteilung

An einer Fachhochschule bekommst Du klare Strukturen vorgegeben. Deinen Stundenplan kannst Du nicht selbst gestalten. Anders sieht es an einer Universität aus. Hier kannst und musst Du deinen Stundenplan in einem gewissen Rahmen selbst organisieren. Du kannst beispielsweise häufig selbst festlegen, in welchem Semester du welche Kurse belegen möchtest. Beachte jedoch, dass das Studium an einer Uni auch ein hohes Maß an Selbstverantwortung und Selbstorganisation voraussetzt. Ob Du Deine Kurse tatsächlich besuchst oder nicht, bleibt Dir meist selbst überlassen.

Es ist nun Deine Aufgabe zu entscheiden, welche Alternative Deiner Persönlichkeit am nächsten kommt. Wenn Du nämlich keine eindeutige Präferenz hast, musst Du abwägen und darüber nachdenken, welche Rahmenbedingungen Dir am wichtigsten sind und am ehesten entgegenkommen. Das

Wichtigste ist, dass Dir Deine Stolpersteine vor Antritt des Studiums bewusst sind. So kannst Du Dir von vornherein überlegen, wie und wann Du für einen Ausgleich sorgst.

Du möchtest beispielsweise einen hohen Praxisbezug, bist aber an das Uni-Studium gebunden, dann suchst Du Dir vielleicht einen Nebenjob, in dem Du Deine Kenntnisse regelmäßig anwenden kannst. Du legst viel Wert auf Deine Freiheiten und möchtest selbst entscheiden, wann Du welche Kurse belegst, wärst aber lieber in einer kleineren Gruppe? Dann entscheidest Du Dich vielleicht für die Uni und schaust Dich von Beginn an nach einer Lerngruppe um.

Zulassungskriterien

Schülern fehlt oft die Entscheidungsfreiheit bei der Frage „Uni vs. FH“.
Viele Universitäten sind völlig überlaufen. Infolgedessen steigt der Numerus Clausus (NC) kontinuierlich.
Überprüfe also zunächst, ob Du die Zulassungsvoraussetzungen einer bestimmten Universität oder Fachhochschule erfüllst. Private Fachhochschulen

haben manchmal niedrigere Zulassungsvoraussetzungen, sie verlangen jedoch in der Regel Studiengebühren. Die Studiengebühren sollten nicht das ausschlaggebende Kriterium bei der Entscheidung „Uni oder FH“ sein. Du kannst Dir beispielsweise ein Partnerunternehmen für Dein Studium an der Fachhochschule suchen und ein praxisintegriertes duales Studium absolvieren. Das heißt, dass Du Dir Dein Studium durch die Praxisphasen im Unternehmen finanzierst. In der Regel erhältst Du eine Vergütung und/oder die Studiengebühren werden vom Unternehmen komplett übernommen. Auch das Studium bei der Bundeswehr garantiert Dir ein gleichzeitiges Einkommen. Informiere Dich vorab über den Bewerbungsprozess und Bewerbungsfristen.

Studienwechsel

Wenn Du Dein Bachelor-Studium an einer Fachhochschule abgeschlossen hast, kannst Du für den Master nicht automatisch auf eine öffentliche Universität wechseln. 2013 - 2016 habe ich selbst mein Bachelorstudium an einer FH absolviert. Nach 2 Jahren kam bei vielen meiner Kommilitonen die böse Überraschung. Jetzt erst bemerkten sie, dass sie nach ihrem Bachelor-Abschluss nicht für das anschließende Masterstudium an einer Universität zugelassen werden. 30 ECTS (Abkürzung für „European Credit Transfer System")-Punkte haben uns gefehlt. Diese konnten wir auch nicht ohne weiteres nachholen. Allerdings hätten wir das Masterstudium an unserer bisherigen Fachhochschule und einigen anderen fortsetzen können. Ähnliches gilt übrigens für das Fernstudium.

Mache Dir also besser im Vorfeld darüber Gedanken, wie Du Deinen Bildungsweg auch zukünftig weiter gestalten möchtest.

Mein Tipp: Setze Dich vor Deiner endgültigen Entscheidung zwischen Uni oder FH als Gasthörer in die Vorlesungen an einer Universität und einer Fachhochschule. So kannst Du selbst in den Studienalltag hineinschnuppern, bereits erste Erfahrungen sammeln.

Merke: Als Schüler solltest Du Dir also nicht nur über den entsprechenden Studiengang Gedanken machen, sondern auch über den Ort, an dem Du studieren möchtest. Auch die Entscheidung zwischen der Uni und der FH ist immer sehr persönlich und individuell.

5.3 Es muss nicht unbedingt ein Studium sein

Wir haben längst erkannt, dass ein Studium weder für jeden das Richtige ist, noch zwangsläufig mehr Erfolg verspricht als eine Ausbildung in einem der weit über 300 klassischen Ausbildungsberufe. Schließlich hast Du gerade hierzulande schier unendliche Möglichkeiten, Deinen Karriereweg ständig voran zu treiben oder zu verändern. Aus Gesellen werden Meister, die sich in unterschiedlicher Weise fortbilden oder studieren können. Gleiches gilt für jeden, der bereits eine Berufsausbildung abgeschlossen hat, sich vielleicht zum Fachwirt weiterbildet und anschließend studiert oder auf Teile seiner Ausbildung spezialisiert, möglicherweise darauf aufbaut und höher qualifizierte Tätigkeiten erlernt.

Vielleicht kennst Du auch jemanden, der nie eine klassische Berufsausbildung absolviert hat, aber trotzdem jeden Tag einer regelmäßigen Arbeit nachgeht? Seminare, Workshops, Trainings schließen mit Zertifikaten und anderen Leistungsnachweisen ab, die Dich durchaus für spannende Arbeiten qualifizieren. Manchmal starten junge Menschen mit genau dieser Art von Kenntnissen in die Selbstständigkeit

– vollkommen ohne „anerkannten Berufsabschluss“. Entscheidend ist immer, wozu Du berufen bist, ob Du in Deinem Element bist, leistungswillig und -fähig. Natürlich müssen Deine Talente im Markt auch gefragt sein, damit Du damit Deinen Lebensunterhalt bestreiten kannst.

6. Komm ins Handeln

„Wir finden entweder einen Weg oder wir bauen einen."
- Hannibal

Du hast Deinen Wunschberuf, sowie die passende Strategie gefunden, um diesen auch zu erreichen? Hervorragend! Jetzt gibt es nur noch ein Hindernis, das Dir im Weg stehen könnte: Du selbst!

Viele Schüler verspielen leichtsinnig die Chance, ihre Zukunft selbst in die Hand zu nehmen und zu gestalten, weil sie sich einfach nicht mit ihrer Berufswahl auseinandersetzen. Das Thema wird solange aufgeschoben, bis es irgendwann zu spät ist. Notgedrungen schreiben sie sich für ein Studium oder eine Ausbildung ein, die eigentlich überhaupt nicht zu ihnen passt. Sie beharren hartnäckig auf der Meinung: Berufswahl sucks!
Wir haben das Drama bereits in der Einleitung dieses Buches besprochen. Nach 3 Monaten oder gar einem Jahr brechen sie ihr Studium oder ihre Ausbildung ab. Viel Zeit und Geld ist vergeudet, der ganze Stress der Berufswahl fängt wieder von vorne an. Ich habe selbst viele Freunde, bei denen sich dieser Prozess über Jahre hingezogen hat.
Wenn Du dieses Buch bis hierhin gelesen hast, bin ich aber sehr zuversichtlich, dass Du dieses Problem

nicht hast. Du bist hochmotiviert, selbst zu entscheiden, welcher Weg für Dich der Richtige ist. Jetzt heißt es unbedingt am Ball bleiben und ins Handeln kommen, um Deinen Zielen immer näher zu kommen. Klar, einige von Euch sind selbst gut strukturiert und haben schon Ihren Plan, wie Sie vorgehen wollen. Andere, genau wie ich damals, gehen die Sache eher entspannt und flexibel an. Grundsätzlich ist diese Herangehensweise nicht schlecht, jedoch sollte man aufpassen, dass sich nicht der sogenannte „Schlendrian“ einschleicht. Lass uns aus diesem Grund einfach mal ein paar grundlegende Dinge zum Thema Zeitmanagement besprechen.

Wenn Du Dir bereits einen eigenen Plan für das weitere Vorgehen zurechtgelegt hast, nutze bitte die nachfolgenden Seiten dazu, um Deinen Plan noch ein wenig zu perfektionieren.

6.1 Formuliere und erreiche Deine Ziele

Schon während Deiner Schulzeit ist Dein Zeitmanagement das A und O. Du bereitest Dich auf Deine Klausuren vor und setzt Dir immer wieder kleine Ziele.

- „Bis Freitag möchte ich das erste Kapitel auswendig können."
- „4 Wochen vor der ersten Klausur beginne ich mit dem Lernen."
- „In diesem Halbjahr möchte ich meinen Notenschnitt auf 2,3 verbessern."

Wie kommt es bloß zustande, dass einige von uns locker ihre Ziele erreichen und ohne übermäßigen Stress ihren Schulabschluss meistern, während andere am Lernen verzweifeln? Es ist nicht immer die eigene Faulheit! Viele von uns scheitern vor allem an ihrem eigenen Zeitmanagement, da sie einfach zu spät oder unstrukturiert mit dem Lernen anfangen. Dabei heißt Zeitmanagement vor allem eins: Selbstmanagement. Je besser unser Selbstmanagement, desto entspannter ist in der Regel auch die Klausurphase. So ist es doch eigentliche bei allem, oder? Auch bei der Berufswahl!

Erst nachdem ich mir meine eigene Herangehensweise an das Thema Berufswahl überlegt habe, konnte ich meine Zeit effizienter nutzen und bin schneller vorangekommen. Um meine Ziele auch wirklich zu erreichen und die Berufswahl innerhalb kürzester Zeit zu meistern, habe ich mir meinen eigenen Schlachtplan, quasi eine eigene Handlungsliste für das weitere Vorgehen zurechtgelegt. Im Folgenden werden wir uns jetzt den Grundlagen eines guten Zeitmanagements widmen.

1. Formuliere Deine Ziele und schreibe sie Dir auf

Wenn Du das Buch bis hier hin aktiv durchgearbeitet hast, hast Du bereits ein festes Ziel im Auge, Deinen Wunschberuf. Ziele sind die absolute Grundvoraussetzung für das eigene Zeitmanagement und die absolute Voraussetzung dafür, dass wir ins Handeln kommen. Sie helfen dir dabei, Dein weiteres Vorgehen zu strukturieren und Dich dabei auf das Wesentliche zu konzentrieren.

Beim Formulieren verschiedener Ziele solltest Du unterschiedliche Aspekte beachten. „Ich will in der nächsten Zeit einen Ausbildungsplatz finden.“, ist zwar ein erster Schritt aber kein angemessenes Ziel. Wieso? Es ist weder spezifisch, noch messbar und es fehlt der konkrete Zeitbezug. Im Folgenden werde ich Dir zeigen wie es richtig geht. Ziele sollten SMART sein! Aber was bedeutet überhaupt „SMART" und warum ist das Ganze so wichtig? Hinter jedem Buchstaben versteckt sich ein wichtiger Grundsatz für die Formulierung Deiner Ziele:

S = Spezifisch

Definiere Deine Ziele nicht unspezifisch, sondern so präzise wie möglich. Je spezifischer Deine Ziele, desto fokussierter kannst Du darauf zuarbeiten.

Ein Anwendungsbeispiel: Du hast den passenden Studiengang gefunden. Jetzt musst Du Dich nur noch darum bemühen, dass Du von einer Hochschule oder Universität angenommen wirst.
Ein schlecht formuliertes Ziel: „Im Laufe der Woche kümmere ich mich um die Bewerbung für einen Studienplatz."
Besser: „Dienstag und Donnerstag werde ich mich von 18:00 bis 20:00 mit unterschiedlichen Universitäten und Hochschulen auseinandersetzen sowie mit

dem Schreiben meiner ersten Bewerbung beginnen."

Die präzise Formulierung Deines Zieles bringt Dich der Umsetzung bereits ein Stück näher. Es fällt Dir leichter, die Dinge zu erreichen, die Du Dir vorgenommen hast.

M = Messbar

Um zu überprüfen, ob Du auf Dein Ziel hinarbeitest und dieses am Ende auch erreichst, muss es natürlich messbar sein.

Ein Anwendungsbeispiel: Du suchst ein Partnerunternehmen für ein duales Studium an einer Fachhochschule.
Schlecht: „In den nächsten Wochen möchte ich mich bei mehreren Unternehmen bewerben."
Besser: „Bis zum Ende des Monats möchte ich 5 Bewerbungen fertiggestellt und verschickt haben."

Am Ende des Monats kannst Du ganz genau bestimmen, ob und inwieweit Du Dein gestecktes Ziel erreicht hast.

A = Attraktiv

Grundsätzlich solltest Du zudem darauf achten, dass Du Deine Ziele attraktiv formulierst. Je attraktiver Du sie formulierst, desto motivierter widmest Du Dich in der Regel auch der Umsetzung.

Schlecht: „In der nächsten Zeit muss ich mich um diese dämlichen Bewerbungen kümmern.“
Besser: „In der nächsten Zeit nutze ich meine Chance und bewerbe mich bei den Unternehmen, die mich am meisten interessieren.“

Und, was hört sich Deiner Meinung nach besser an?

R = Realistisch

Setze Dir ambitionierte Ziele, aber achte darauf, dass Du sie auch wirklich erreichen kannst. Wenn Du von Beginn an ein Ziel benennst, dass Du nicht erreichen kannst, bist Du schnell unmotiviert und enttäuscht.

Ein Anwendungsbeispiel: Am liebsten würdest Du Dich überhaupt nicht mit Deinen Bewerbungen beschäftigen wollen.

Schlecht: „Diese Woche versende ich 5 Bewerbungen und bringe das Thema ein für alle Mal hinter mich.“

Weder Deine berufliche Orientierung, noch die Suche nach einem geeigneten Arbeitgeber kannst Du von heute auf morgen abschließen. Vielmehr ist es als langwieriger Prozess zu verstehen. Ich begegne leider immer wieder vielen Schülern, die nicht bereit sind, sich um ihre Berufswahl und Bewerbungen zu kümmern. Sie sind darüber verärgert, dass kein Berufsberater ihnen die komplette Arbeit abnimmt.

T = Terminiert

Manche Schüler entschieden sich bereits frühzeitig für einen interessanten Studiengang, vergessen dann jedoch, sich rechtzeitig an einer Fachhochschule oder an einer Universität zu bewerben. Sie verpassen unbewusst wichtige Deadlines und ärgern sich im Nachhinein, sich nicht früher mit dem Thema auseinander gesetzt zu haben. Insbesondere dann, wenn die meisten Freunde schon mit ihrem Studium beginnen, während man selbst das Wartesemester absitzen muss. Informiere Dich also rechtzeitig über die entsprechenden Fristen und gib Deinen Zielen immer einen klaren Zeitbezug. Darauf aufbauend kannst Du dann Dein weiteres Vorgehen planen.

Schlecht: „Ich möchte ein Partnerunternehmen für mein duales Studium finden."
Besser: „Spätestens bis zum 01.06. muss ich ein Partnerunternehmen für mein duales Studium gefunden haben."
Dies impliziert, dass Du Dich bereits (lange) vor dem 01.06 um Deine Bewerbungsunterlagen gekümmert und sie verschickt haben musst.

Wenn Deine Ziele und Wunschvorstellungen nur in Deinem Kopf rumschwirren, hast Du sie schnell wieder vergessen. Schreibe Dir Deine Ziele also immer auf! Durch die schriftliche Fixierung Deiner Ziele werden sie verbindlich, Du gibst ihnen eine feste Form.
Mein Tipp: Schreibe Dir Deine Ziele auf ein Blatt Papier und hänge sie Dir über Deinen Schreibtisch. So sind sie jeden Tag präsent und erinnern Dich an Deine Aufgaben. Jeden Morgen habe ich mich selbst so daran erinnert, dass ich mir Gedanken über meine berufliche Laufbahn machen muss. Infolge dessen bin ich jeden Tag mit offenen Augen durchs Leben gelaufen, ich habe unterschiedliche Berufe, die mir

im Alltag über den Weg gelaufen sind, unter die Lupe genommen. Dabei kommen wir jeden Tag mit ganz unterschiedlichen Berufen in Berührung, die eventuell auch für uns in Frage kommen würden. Am Wochenende gehen wir beispielsweise Brötchen holen beim Bäcker, wir bringen mit unseren Eltern das Auto zur Werkstatt oder gehen abends in einem Restaurant essen. Zähl doch spaßeshalber einmal mit, wie viele Berufe in der ersten halben Stunde Deines Fernsehprogramms eine Rolle spielen.

An dieser Stelle kannst Du Dir natürlich auch Gedanken über langfristige und übergeordnete berufliche Ziele machen. Je eher Du Deine Ziele mit Deinen Bedürfnissen verknüpfst, desto motivierender wirken sie. Wenn Du im Rahmen der Analyse Deiner Lebensmotive herausgefunden hast, dass Du Dir einen gewissen Status im Leben erarbeiten möchtest, so setze Dir auch hierfür klare Ziele. Der Wunsch nach einem großen Haus oder einem schnellen Auto kann Dich jahrelang zu Höchstleistungen antreiben.

2. Breche Deine Hauptziele in Teilziele herunter

Wenn Du Dir Dein Hauptziel anschaust, kann es zunächst sehr beängstigend und in weiter Ferne wirken. Zerlegst Du Dein Hauptziel allerdings in Zwischenziele, so erkennst Du, dass Zwischenziele leichter zu erreichen sind und Dein Hauptziel greifbarer wird.

Stell Dir vor, Dein Hauptziel ist es, dass Du einmal in einem großen Unternehmen als Führungskraft im Bereich IT tätig sein willst. Deine Zwischenziele könnten nun lauten:

- Nach meinem Bachelorstudium möchte ich einen Master machen, um als Führungskraft tätig zu werden.
- Ich will bis zum 01.06. einen Bachelorstudiengang in Wirtschaftsinformatik an einer Fachhochschule gefunden haben.
- Mein Studium möchte ich dual absolvieren, um die Theorie der Hochschule mit der Praxis in einem Unternehmen zu verbinden.
- Bis zum 01.03. habe ich mich bei mehreren Fachhochschulen in NRW beworben.

- Bis zum 01.05. habe ich mich bei 10 unterschiedlichen Unternehmen um eine Stelle als dualer Student beworben. Bis zum 01.08. werde ich ein Partnerunternehmen gefunden haben.

Wenn Du Dein Hauptziel ganz genau kennst, lassen sich von oben nach unten immer kleinere Teilziele bestimmen. Jedes Teilziel, das Du erreichst, gibt Dir einen erneuten Motivationsschub, um am Ball zu bleiben und das große Ganze im Blick zu behalten. Ich selbst belohne mich immer, wenn ich eines meiner Teilziele erreicht habe. Das muss nicht unbedingt etwas Materielles sein. Bei mir ist es beispielsweise oft ein leckeres Essen mit der Freundin.

3. Aufgaben sammeln und priorisieren

Deine Ziele definieren in erster Linie, was zu erreichen ist und nicht, was Du konkret zu tun hast. Von Deinen Teilzielen kannst Du aber nun klare Aufgaben ableiten. Knüpfe Dir Deine Teilziele vor und mache einfach mal ein wenig Brainstorming.

Teilziel: „Bis zum 01.05. habe ich mich bei 10 unterschiedlichen Unternehmen um eine Stelle als dualer Student beworben."

Aufgaben:

- Passende Partnerunternehmen raussuchen
- Bewerbungsunterlagen erstellen
- Lebenslauf erstellen
- Anschreiben formulieren
- Neue Bewerbungsfotos schießen lassen
- Jede Woche eine Bewerbung versenden
- ...

Ich glaube, Du merkst worauf es hinausläuft. Wenn Du alle Aufgaben aufgelistet hast, die in nächster Zeit anfallen, solltest Du sie natürlich noch priorisieren und in eine klare Reihenfolge bringen, um sie strukturiert und effizient abzuarbeiten. Was musst Du zu aller erst machen? Welche Zwischenziele bauen aufeinander auf?

4. Einen klaren Handlungsplan erstellen

Erstelle nun einen Handlungsplan für Dein weiteres Vorgehen. Notiere Dir alles, was Du Dir in den nächsten Wochen und Monaten im Rahmen Deiner Berufswahl vornimmst und gib jeder Aufgabe einen klaren Zeitbezug. Wann und vor allem bis wann, kannst Du Dich um die entsprechenden Aufgaben kümmern? Setz Dir am besten Deadlines, Tagesziele sowie Wochenziele. Jeder Schritt bringt Dich so Deinem Hauptziel ein Stück näher.

Was tue ich?	**Beginn:**	**Ende:**
...		
...		
...		

Anhand Deines Handlungsplans kannst Du immer wieder überprüfen, ob Du noch im Zeitplan liegst. Dabei bist Du Dein eigener Kontrolleur. Wenn Du nicht die Aufgaben erledigst, die Du Dir vorgenommen hast, verschiebt sich logischerweise auch die Erreichung Deiner Ziele nach hinten. Erinnere Dich an die klassischen Fehler, die es bei der Berufswahl unbedingt zu vermeiden gilt: Aufschieberits ist unser größter Feind.

Bitte sei nicht enttäuscht, wenn die Durchführung einer Aufgabe mal länger dauert, als zunächst gedacht. Statt den Plan sehr kompakt zu strukturieren, solltest Du lieber ein paar Wochen früher mit der Umsetzung anfangen.

Jetzt heißt es Arsch hochkriegen, loslegen und Ziele erreichen. Schreibe mir gerne eine Mail an team@karriere-navi.de, wenn Du Deine Ziel erreicht hast. Ich freue mich auf Deine Geschichte und bin gespannt, wie ich Dir weiterhelfen konnte. ☺

6.2 Verkaufe Dich selbst

Abschließend sollten wir noch kurz auf ein wichtiges Thema eingehen. Wenn Du Dich in Zukunft bei einem Unternehmen bewirbst, sei es für eine Ausbildung oder den direkten Berufseinstieg, solltest Du Dich neben dem Schreiben Deiner Bewerbungsunterlagen auch auf Dein Vorstellungsgespräch vorbereiten. Sowohl in den Bewerbungsunterlagen, als auch in einem Vorstellungsgespräch musst Du vor allem eins: Dich selbst gut verkaufen können!
Deine Aufgabe besteht darin, einem potentiellen Arbeitgeber klarzumachen, warum ausgerechnet Du die richtige Person bist für die offene Stelle. Es gilt auch hier mit Deiner Persönlichkeit, also Deinen Interessen, Stärken, Talenten und Bedürfnissen zu überzeugen!
Alles Erkenntnisse, die Du bisher aus diesem Buch gesammelt hast, kannst Du also direkt wieder nutzen. Cool, oder?!
Meine persönliche Erfahrung zeigt mir immer wieder, dass wir durch das Vorgehen eines guten Verkäufers viel für unseren Bewerbungsprozess lernen können. Pass auf, teilst Du meine Meinung? Zunächst gleicht die Kundensuche(-akquise) des Verkäufers unserer Suche nach dem passenden Job

oder Bildungsangebot. Die hervorragende Vorbereitung macht sowohl beim Verkäufer als auch bei uns einen Großteil des Erfolges aus. Wir suchen nach dem passenden Unternehmen, den gegebenen Rahmenbedingungen, der Stellenausschreibung und dem richtigen Ansprechpartner, damit wir diesen gezielt angehen können. Greift der Verkäufer zum Telefonhörer oder zum PC, um den Erstkontakt zum Kunden herzustellen, hat er nur ein Ziel: Ein persönliches Treffen zu vereinbaren. In unserem Fall ist das Ziel die Einladung zum Vorstellungsgespräch oder zum Eignungstest. Dabei entwickeln wir unsere ganz eigenen Herangehensweisen, die am besten funktionieren, um dem Verkäufer die meisten Termine zu verschaffen – unsere Erstellung des ultimativen Leitfadens. Kommen wir jetzt zum wichtigsten Punkt, den wir von einem exzellenten Verkäufer in Bezug auf unser Handeln lernen können: Ein Nein, also eine Absage, zu akzeptieren, ohne enttäuscht und im Anschluss demotiviert zu sein. Denn bedenke, dass Dich jede Absage der Zusage ein Stück näherbringt. Am besten holst Du Dir zur optimalen Nachbereitung ein Feedback zur Absage ein, um weitere Erfahrungen zu sammeln, die als Grundlage zur Optimierung dienen – Wir ziehen also maximalen Nutzen aus unserem Rückschlag!

Kommt es zum Verkaufsgespräch, unserem Vorstellungsgespräch, gilt es, durch unsere Persönlichkeit zu überzeugen. Hier heißt es, selbstbewusst, authentisch aufzutreten und glaubhaft zu vermitteln, dass wir Spaß haben an dem, was wir jetzt und in Zukunft machen möchten. Aber wann könnte uns das noch leichter fallen, als in dem Moment, in dem wir uns um unseren Traumjob, unsere Zukunft bemühen?
Dein Ziel sollte es sein, den Job zu finden, auf den Du richtig Bock hast und den Du mit Leidenschaft ausführen würdest. Sei Dir aber bitte auch bewusst, dass Du Deine Auswahl oder Entscheidung jederzeit reflektieren und überprüfen solltest.
Keine Angst, Du schaffst das!!!
Glaube an Dich und Deine Ziele, sei begeistert für das, was Du täglich tust. Habe Mut und nutze Deine Chance!

Bonus: 21 Wege nach dem Abitur

Wenn Du Dein Abitur geschafft hast, stehen Dir viele Möglichkeiten offen. Du hast die Qual der Wahl, Dich für einen der 18.000 Studiengänge oder einen der 400 Ausbildungsberufe zu entscheiden. Nach Deinem Abitur musst Du Dich aber nicht direkt zwischen einem Studium oder einer Ausbildung entscheiden.
Du kannst beispielsweise die Chance eines Auslandsaufenthaltes wahrnehmen oder ein „Freiwilliges Soziales Jahr" (FSJ) absolvieren.
Im Folgenden möchte ich Dir 21 Wege vorstellen, die Du direkt nach Deinem Abi einschlagen kannst. Viele Wege eignen sich auch zur Überbrückung von Wartesemestern. ;-)

1. Praktikum absolvieren

Bist Du Dir noch unsicher, wohin Deine berufliche Reise gehen soll? Ein Praktikum dient Dir als erste Orientierung. Du kannst die Chance nutzen, unterschiedliche Einblick in die Arbeitswelt zu erlangen. Für einige Weiterbildungen ist es sogar notwendig, zuvor absolvierte Praktika nachzuweisen.

2. Auslandspraktikum absolvieren

Ein Praktikum kannst Du natürlich auch mit einem Auslandsaufenthalt kombinieren. So kannst Du erste Auslandserfahrung sammeln und Deine Fremdsprachenkenntnisse verbessern.

3. Studieren auf Probe

Bist Du Dir noch unsicher, welcher Studiengang zu Dir passt? Oder weißt Du noch nicht, ob Du überhaupt studieren willst? Dann setz Dich doch einfach für ein paar Tage oder Wochen in unterschiedliche Vorlesungen. ☺ An einer Hochschule kannst Du Deinen Besuch i.d.R. mit dem Sekretariat absprechen.

4. Betriebliche Ausbildung

Keinen Bock mehr auf die ganze Lernerei? Dann starte doch direkt in eine betriebliche Ausbildung! Die eine Hälfte Deiner Zeit verbringst Du in der Berufsschule, die andere Hälfte in einem Ausbildungsbetrieb.

5. Schulische Ausbildung

Die schulische Ausbildung findet überwiegend in der Schule statt. Ergänzend absolvierst Du in der Regel betriebliche Praktika. Oftmals findest Du eine schulische Ausbildung im Bereich Pädagogik, im Gesundheitswesen etc.

6. Sonderausbildung für Abiturienten

Sonderausbildungen für Abiturienten sind sehr mit der Wirtschaft verknüpft und ähneln einem dualen Studium sehr. Du hast hier die Möglichkeit, die Sonderausbildung bereits nach 1 ½ bis 2 Jahren abzuschließen.

7. Ausbildung im öffentlichen Dienst

Analog zur betrieblichen Ausbildung findet hier die Ausbildung im öffentlichen Dienst zur Hälfte in der Schule statt. Die andere Hälfte findet in einer staatlichen Behörde statt. Die Ausbildung im öffentlichen Dienst ermöglicht Dir eine Beamtenlaufbahn in Behörden von Bund, Land oder Kommunen (z.B. Verwaltungsfachangestellter)

8. (Teil-)Ausbildung im Ausland

Schon während einer Ausbildung kannst Du internationale Erfahrungen sammeln. Du kannst Deine Ausbildung komplett im Ausland absolvieren oder Teile Deiner Ausbildung international abwickeln.

9. Ausbildungsintegriertes duales Studium an einer Hochschule

Wieso nicht Ausbildung und Studium direkt miteinander kombinieren? Das ausbildungsintegrierte duale Studium bietet Dir genau diese Möglichkeit. Hier kannst du mehr erfahren...

10. Praxisintegriertes duales Studium

Ein duales Studium muss nicht immer in Kombination mit einer Ausbildung absolviert werden. Beim praxisintegrierten dualen Studium besuchst Du eine Hochschule und verbringst Deine Praxisphasen in einem oder mehreren Partnerunternehmen. Auch ich habe mich damals für das praxisintegrierte duale Studium entschieden. Hier findest Du meinen Erfahrungsbericht...

11. Studium an einer Hochschule bzw. einer Berufsakademie

Natürlich muss es nicht immer ein duales Studium sein, wenn Du Dich für ein Studium an einer Hochschule interessierst. Ein Studium an einer Hochschule ist i.d.R. sehr viel praxisorientierter als ein Studium an einer öffentlichen Universität. Zudem musst Du Dir Deinen Stundenplan nicht selbst organisieren und der Unterricht findet in Kleingruppen statt.

12. Studium an einer Universität

Viele Schüler entscheiden sich nach dem Abi für den klassischen Weg – ein Studium an einer öffentlichen Universität. Hier kannst Du entweder zum Winter- oder Sommersester in Dein Studium starten. Das Wintersemester beginnt i.d.R. im September oder Oktober, während das Sommersemester im März oder April beginnt. Beachte bitte, dass nicht jeder Studiengang halbjährig beginnt. Zudem solltest Du Dich rechtzeitig über die Zugangsvoraussetzungen informieren und Dich rechtzeitig bewerben.

13. Studieren im Ausland

Ist das Studium im Ausland eine interessante Option für Dich? Oftmals findest Du im Ausland interessante Studiengänge, die es nicht in Deutschland gibt. Zudem schätzen Arbeitgeber Deine im Ausland erworbenen Fremdsprachenkenntnisse und Dein Verständnis für fremde Kulturen.

14. Freiwilliges Soziales Jahr (FSJ)

Das FSJ ist ein freiwilliger Dienst in sozialen Bereichen. Zu den Einsatzbereichen gehören sozial-karitative Bereiche, aber auch die Bereiche Sport, Denkmalpflege, Politik und Kultur. Nähere Infos findest Du beim Bundes-Freiwilligendienst.

15. Freiwilliges ökologisches Jahr (FÖJ)

Das freiwillige soziale Jahr kann auch als freiwilliges ökologisches Jahr (FÖJ) abgeleistet werden. Zu den Einsatzstellen gehören u.a. die Bereiche Umweltschutz, Tierschutz, Land- Forstwirtschaft und Gartenbau.

16. Freiwilliges soziales Jahr im Ausland

Durch ein FSJ im Ausland kannst Du Deinen Freiwilligendienst mit einem Auslandsaufenthalt kombinieren. Oftmals ist hier von einem mehrmonatigen Auslandaufenthalt mit sozialen, kulturellen oder ökologischen Inhalten die Rede.

17. Freiwilliges ökologisches Jahr im Ausland

Auch das FÖJ kann im Ausland absolviert werden. Du kannst Dich also auf der ganzen Welt für ökologische Projekte einsetzen.

18. Work & Travel

Du hast Lust auf einen mehrmonatigen Auslandsaufenthalt, aber bist Dir nicht sicher, ob Deine finanziellen Mittel dafür ausreichen? Durch einzelne Jobs z.B. auf Plantagen oder Baustellen kannst Du Dir Deinen Wunsch vom Reisen möglicherweise realisieren. Beliebte Reiseziele bei Abiturienten sind Australien und Neuseeland. Aber Achtung: Seit dem Jahr 2017 gibt es für Work and Traveller in Australien eine drastische Steueränderung! Alle Backpacker, die mit dem Working-Holiday-Visum in Australien arbeiten, zahlen ab dem ersten verdienten Dollar 15 % Steuern, die sie auch nicht mehr zurückerstattet bekommen. Du musst Dich in jedem Fall vorab rechtzeitig und umfassend über die Voraussetzungen, aber auch Chancen, Arbeit zu finden, informieren.

19. Als Au-Pair im Ausland arbeiten

Eine weitere Form des Auslandsaufenthalts ist das Engagement als Au-Pair. Du wohnst für längere Zeit bei einer Familie im Ausland und unterstützt Sie beim Haushalt und der Kindererziehung.

20. Sprachreise

Du willst nach Deinem Abitur Karriere machen? Vielleicht ist eine Sprachreise genau das richtige für Dich! Sprachreisen kannst Du über mehrere Wochen, als auch über mehrere Monate hinweg absolvieren. Es ist eine perfekte Möglichkeit, um Wartesemester zu überbrücken. Für Kurse, Unterkunft, Verpflegung musst Du selbst aufkommen.

21. Selbstständigkeit

Überhaupt keinen Bock auf Schule oder Ausbildung? Du willst lieber direkt voll ins Berufsleben starten und durch Praxiserfahrungen lernen? Kann man auch ohne ein abgeschlossenes Studium erfolgreich sein? Mark Zuckerberg und Bill Gates – zwei der reichsten Menschen unserer Zeit haben es uns vorgemacht!

Bonus: Nach der Schule erstmal ab ins Ausland!

Deine Schulzeit neigt sich endlich dem Ende zu und Du hast erstmal genug davon, die Schulbank zu drücken? Dann nutze Deine Chance und bereise die große weite Welt. Lerne neue Kulturen kennen oder verbessere Deine Sprachkenntnisse. Auch während oder nach einem Studium oder einer Ausbildung finden sich spannende Möglichkeiten für eine Auslandszeit. Um Dir einen Überblick über die Vielfalt unterschiedlicher Optionen aufzuzeigen, haben wir ein Experteninterview mit Jane geführt. Jane ist seit mehreren Jahren bei der Initiative-Auslandszeit tätig und gibt Dir im folgenden Interview Expertentipps für den passenden Zeitpunkt, Möglichkeiten & den Planungsprozess einer Auslandszeit.

Hallo Jane, mit der INITIATIVE Auslandszeit unterstützt ihr Schüler auf ihrem Weg ins Ausland. Für wen kommt ein Auslandsaufenthalt überhaupt in Frage?

Grundsätzlich kann jeder, der offen gegenüber einem neuen Land ist (inkl. Menschen & Kultur), sich zu einer Auslandszeit in fremde Länder aufmachen.

Für verschiedene Auslandsaufenthalte wie etwa Work & Travel, Au Pair, Farm- und Rancharbeit oder ein Auslandspraktikum, gibt es aber natürlich noch weitere Voraussetzungen die erfüllt werden müssen. Hierzu können zum Beispiel Altersbegrenzungen, Visavorschriften, persönliche Referenzen oder ein gültiger Führerschein gehören.

Am besten eignet sich ein Auslandaufenthalt für Schulabsolventen, da der Zeitpunkt zwischen Schule und weiterer Karriere oft noch Fragen aufwirft, ein Blick über den Tellerrand immer sinnvoll ist und im Ausland wertvolle Soft Skills, internationale Berufserfahrung und zusätzliche Sprachkenntnisse erworben werden können.
Natürlich gibt es auch für Studenten, junge Berufstätige oder Personen mit Fachkenntnissen Möglichkeiten für einen Auslandsaufenthalt. So gibt es verschiedene Organisationen und Auslandsaufenthaltsformen, die speziell auf diese Zielgruppen ausgerichtet sind. Es werden immer mehr Möglichkeiten geschaffen um auch ihnen eine Auslandszeit zu ermöglichen.

Welche unterschiedlichen Möglichkeiten gibt es grundsätzlich, nach dem Schulabschluss ins Ausland zu gehen?

Die wohl beliebtesten Auslandszeiten nach dem Abitur sind Work & Travel, Freiwilligenarbeit bzw. Volunteering, Auslandspraktika und der Klassiker Au Pair. Alle diese Formen des Auslandsaufenthaltes ermöglichen einen ersten Einblick in die Berufswelt und vermitteln einen recht guten Eindruck in die fremde Kultur im Gastland.

Weitere Möglichkeiten für all diejenigen, die nicht so viel Zeit mitbringen sind zum Beispiel: Sommerjobs in klassischen Summercamps, Sprachreisen, Hotelarbeit, Farm- und Rancharbeit oder auch ein Auslandssemester.

Wer direkt nach der Schule in eine Ausbildung oder ein Studium startet hat aber den Zug noch nicht verpasst. Auch während des Studiums, direkt danach oder später im Beruf gibt es noch Möglichkeiten für eine Auslandszeit – beispielsweise in den Semesterferien, im Wartesemester oder als berufliche Neuorientierung. Meist ist man dann nur nicht mehr so flexibel, wie man es direkt nach der Schule noch ist. Man sollten sich also möglichst frühzeitig Gedanken machen, wann man eine Auslandszeit am besten einplanen kann!

Was steckt hinter dem Begriff „Wwoofing"?

Unter Wwoofing versteht man die Arbeit auf einem ökologischen Bauernhof gegen Kost & Logis (also gegen kostenlose Unterkunft und Verpflegung). Konkret steht Wwoof für World Wide Opportunities on Organic Farms – diese Art von Job kann man also weltweit ausüben. Man registriert sich einmalig beim Wwoof-Netzwerk im gewünschten Land und erhält dann über einen Login-Bereich Zugriff auf Adressen von Farmen, die entsprechende Wwoof-Jobs zu vergeben haben. Wwoofing bietet sich vor allem an, wenn man gerne längere Zeit an einem Ort bleiben und Kosten sparen möchte. Genügend Job-Angebote sind meist landesweit verfügbar, so dass man ebenfalls gut rundreisen kann. Beachten sollte man jedoch, dass diese saisonabhängig und somit schnell „vergriffen" sein können. Eine frühe Planung kann sich in der Hauptsaison auszahlen.

Kann man ein Freiwilliges Soziales Jahr (FSJ) oder ein Freiwilliges Ökologisches Jahr (FÖJ) auch im Ausland absolvieren?

Ja, es gibt die Möglichkeit ein FSJ oder FÖJ auch im Ausland zu absolvieren. Hierbei gilt es die Bewerbungsfristen zu beachten, da es sich um staatlich geförderte Freiwilligendienste handelt und die Plätze begrenzt sind. Ein FSJ oder FÖJ bedeutet außerdem, dass man sich selbst um eine Einsatzstelle im Ausland kümmern und dann eine dazu passende Entsendeorganisation finden muss.
Alternativ gibt es neben den klassischen Freiwilligendiensten auch flexible Freiwilligenarbeit aus dem gewerblichen Bereich. Einige Spezialreiseveranstalter haben es sich zur Aufgabe gemacht Projekte anzubieten, die sich für kürzere Aufenthalte eignen, weitere Einsatzbereiche abdecken und auch in der Länderauswahl ein sehr großes Spektrum aufweisen.

„Erstmal ins Ausland gehen und chillen!“ - Viele Schüler haben Angst, dass ein Auslandsaufenthalt nicht gut im Lebenslauf ankommt. Wie würdest Du das bewerten?

Es kommt immer darauf an, um welche Art von Auslandsaufenthalt es sich handelt und was man aus der Zeit im Gastland macht. Wer sich offen gegenüber einer neuen Kultur zeigt, bemüht ist seine Sprachkenntnisse zu erweitern und möglichst viel an Erfahrung aus dem Ausland mitnimmt, kann seine Erfahrungen aus dieser Zeit meiner Meinung nach immer gut verkaufen. Denn wer sich für eine längere Zeit in einem fremden Land behaupten kann und dort sogar seinen eigenen Lebensunterhalb verdient, steigert in jedem Fall wichtige Soft Skills wie Selbstvertrauen, Organisationstalent und Toleranz. Hinzu kommen die erweiterten Sprachkenntnisse und je nach Auslandsaufenthalt auch erste Berufserfahrungen, ggf. sogar auch die Erweiterung bereits vorhandener Fachkenntnisse. Diese Erfahrungen qualifizieren für den globalen Arbeitsmarkt und sind heutzutage mehr als gefragt!

Worin siehst Du die wesentlichen Vorteile, vor einem Studium oder einer Ausbildung ins Ausland zu gehen?

Die Zeit nach der Schule ist eine Phase des Umbruchs und der Entscheidungsfindung – aus meiner Sicht deshalb ideal für eine Orientierungsphase im

Ausland! Da heute internationale Erfahrungen und Sprachkenntnisse in fast allen Jobs eine wichtige Rolle spielen, ist ein Auslandsaufenthalt für jeden sinnvoll, der das nötige Selbstvertrauen mitbringt. Besonders beim Work & Travel oder einem Auslandspraktikum kann man sich hervorragend in verschiedenen Arbeitsbereichen ausprobieren und seine bereits vorhandenen Sprachkenntnisse verbessern. Wer beispielsweise später im sozialen oder medizinischen Bereich arbeiten möchte, kann als Volunteer in einem entsprechenden Freiwilligenprojekt aktiv werden. Wer etwas mehr Sicherheit möchte und besonders tief in den Alltag der neuen Kultur eintauchen will, kann zum Beispiel als Au Pair in einer Gastfamilie leben. Es gibt für jeden die richtige Auslandszeit.

Für all diejenigen, die für ihre Karriere nicht grundsätzlich Fremdsprachenkenntnisse oder internationale Berufserfahrung benötigen, ist eine Auslandszeit natürlich trotzdem eine Bereicherung. Es werden wichtige Soft Skills erweitert, man knüpft internationale Kontakte und wagt den Schritt aus der heimischen Komfortzone. Das kommt nicht nur bei Personalverantwortlichen gut an, sondern auch fast immer im privaten Umfeld.

Eignet sich ein Auslandsaufenthalt auch zur Überbrückung eines Wartesemesters vor dem Studium?

Auf jeden Fall! Eine Auslandszeit im Wartesemester ist nicht nur perfekt, um die Wartezeit zu überbücken und die Welt zu entdecken, sondern um direkt auch wichtige Erfahrungen zu sammeln. Sowohl in persönlicher als auch beruflicher Hinsicht. Super sinnvoll wird ein Wartesemester vor allem dann, wenn man die Zeit inhaltlich mit dem gewünschten Studium in Verbindung bringt.

Wie lässt sich ein Auslandsaufenthalt mit der eigenen Berufsorientierung verbinden?

Es gibt verschiedene Möglichkeiten, sich im Rahmen eines Auslandsaufenthalts schon in Richtung berufliche Zukunft zu orientieren.
Wer zum Beispiel etwas mit Sprachen oder Kultur studieren möchte, kann seine Sprachkenntnisse während einer Auslandszeit in einem passenden Zielland schulen. Im sozialen und medizinischen Bereich gibt es sehr viele spannende Volunteer-Projekte, die einen authentischen Einblick in den Arbeitsalltag liefern können. Wer noch nicht genau

weiß, ob das gewünschte Studienfach überhaupt das richtige ist, kann als Work & Traveller versuchen, einen Job im studienbezogenen Bereich zu finden. Je nach Land gibt es dafür unterschiedlich breitgefächerte Angebote – vor allem aber in den Bereichen Hotellerie, Gastronomie oder beispielsweise Sport. Für alle Festentschlossenen mit klarem Berufswunsch bieten sich Fachpraktika in unterschiedlichsten Ländern und Einsatzbereichen an.
Nicht selten richtet man sich nochmal neu aus und der Berufswunsch wird noch einmal überdacht. Ein Auslandsaufenthalt ist demnach nicht nur als Orientierung, sondern auch als Hilfsmittel zur Selbsteinschätzung /-findung zu sehen, da man einfach sehr viel über die eigene Persönlichkeit und seine Fähigkeiten lernt.

Welche Auslandszeiten eignen sich besonders gut für einen eher kurzen Aufenthalt?

Wer nach dem Abitur direkt in ein Studium starten will oder z.B. die Semesterferien sinnvoll nutzen möchte, hat meist nur einige Wochen oder wenige Monate Zeit, um ins Ausland zu gehen. Dies ist jedoch kein Ausschlusskriterium für eine Auslandszeit!

Viele Organisationen bieten Work & Travel Starterpackages an, die einen schnellen und unkomplizierten Start im Ausland möglich machen. Inklusive sind hier meist wichtige Planungsschritte wie die Unterstützung bei der Visumsbeantragung, Flugbuchung, Auswahl der richtigen Auslandskrankenversicherung sowie Tipps zu Jobsuche, Unterkunft & den ersten Schritten im Ausland. Auch im Bereich der Freiwilligenarbeit gibt es inzwischen Anbieter mit flexiblen Angeboten, die einen mehrwöchigen Aufenthalt in einem Volunteer-Projekt weltweit möglich machen.

Weitere Möglichkeiten für Auslandsaufenthalte, die für eine kurze Dauer geeignet sind, sind zum Beispiel Sommerjobs als Kinder-Betreuer im Summercamp, Hotelarbeit, ein Schnupperstudium – auch „Summer Sessions" genannt, Farm- und Rancharbeit, Wwoofing oder die klassische Sprachreise (schon ab 1 Woche möglich). Au Pair-Aufenthalte sind hingegen eher langfristig ausgelegt und selten unter 12 Monaten möglich (Ausnahme: Europa).

Mein Tipp: Wer einen kurzen Auslandsaufenthalt plant, sollte sich im Voraus über Anmeldefristen, Voraussetzungen und Programmverfügbarkeiten informieren. Besonders in der Hauptsaison zwischen Juni und September kann es sonst zu Engpässen bei

Programmplätzen kommen. Alle großen Programmanbieter stellen hierzu entweder die notwendigen Informationen auf ihren Webseiten zur Verfügung oder beraten auch gerne telefonisch.

Wo kann man sich als Schüler informieren, wenn man ein Auslandspraktikum absolvieren möchte?

Wer ein Auslandspraktikum machen möchte, findet auf auslandsjob.de umfangreiche Informationen zu möglichen Einsatzbereichen, Ländern und aktuelle Praktikumsstellen von unterschiedlichen Anbietern und Organisationen. Auf den entsprechenden Informationsseiten der einzelnen Länder gibt es nicht nur Tipps zu den größten Unternehmen des Landes, sondern auch eine Auflistung von deutschen Unternehmen vor Ort. Mit Hilfe der Informationsseiten sowie ein wenig Recherche, kann man sich ein Auslandspraktikum auch selbst organisieren und die Kosten einer Organisation sparen.

Vielen Dank für das spannende Interview, Jane!

Wenn Du Dich grundsätzlich für das Thema Auslandsaufenthalt interessierst, dann schau mal auf www.initiative-auslandszeit.de vorbei. Hier findest Du alle notwendigen Informationen rund um einen Aufenthalt und ein Engagement im Ausland. Die Zeit im Ausland kannst Du im Übrigen auch super für Deine berufliche Orientierung nutzen.

Über Jane Jordan:

Jane Jordan ist seit 4 Jahren bei der INITIATIVE Auslandszeit tätig und leitet dort die Redaktion. Täglich befasst sie sich in ihrem Job mit Aufgaben zum Thema Auslandsaufenthalt, hat Kontakt zu jungen Menschen & Eltern, die sich mit der Planung einer Auslandszeit beschäftigen und tauscht sich mit Kollegen, Bloggern und weiteren Insidern über entsprechende Auslandserfahrungen aus. Sie selbst hat nach dem Abitur ein Jahr als Au Pair in den USA verbracht und ist erst kürzlich von einer mehrwöchigen Australien-Reise zurückgekehrt.

Bonus: Eine neue Welt mit vielen neuen Möglichkeiten

Nach der Schule, der Ausbildung oder dem Studium in die Selbstständigkeit starten

Du hast erstmal genug von der Schule und kannst Dir überhaupt nicht vorstellen, direkt in ein Studium zu starten? Mark Zuckerberg und Bill Gates, zwei der reichsten Menschen unserer Zeit, haben uns vorgemacht, dass man auch ohne ein abgeschlossenes Studium sehr viel Geld verdienen kann. Dabei muss es nicht zwangsläufig ein eigenes Start-Up mit einer neuen Innovation oder einer bahnbrechenden Idee sein. Die Digitalisierung und die damit einhergehenden Veränderungen schaffen eine neue Arbeitswelt. YouTube Stars werden zu Millionären, Schüler bringen sich selbst das Coden bei und kreieren Apps, die zum Milliardengeschäft werden, viele Freelancer erbringen ihre Arbeit zu 100% digital und reisen das ganze Jahr über als „Digitale Nomaden" durch die Welt. Ein Freelancer beschreibt nichts anderes, als einen Selbstständigen, der für Unternehmen Aufträge ausführt, ohne dabei fest angestellt zu sein. Einen Eintritt in die eigene Selbstständigkeit findest Du häufig leichter als gedacht. Beispielsweise als

Webdesigner, Texter, Grafiker, Webentwickler oder Eventmanager. Viele Dinge kannst Du Dir über Plattformen wie YouTube, Udemy oder Video2Brain selbst beibringen.
Hört sich das für Dich spannend an? Neue Entwicklungen drängen in immer kürzeren Zyklen auf den Markt. Aktuell werden Schüler zu Instagram oder SnapChat Stars, verdienen mit Produktplatzierungen in ihren Posts tausende von Euros.
Was kommt nächstes Jahr? Vielleicht eine komplett neue Social Media Plattform?

Wenn Du Bock darauf hast, in die eigene Selbstständigkeit zu starten, dann zögere nicht, Dich auch mit dieser Option intensiver zu beschäftigen. Häufig ist es leichter als gedacht. Eine Gewerbeanmeldung und die Erstellung einer eigenen Webseite ist mit weniger Kosten und Zeitaufwand verbunden, als Du Dir vielleicht jetzt vorstellst. Auch wenn Du Dein Vorhaben letztlich nicht erfolgreich umsetzen kannst, gewinnst Du viele wertvolle Erfahrungen, die Dich für einen potentiellen Arbeitgeber interessant machen können. Ich habe mir beispielsweise innerhalb weniger Monate meine Webseite komplett selbst erstellt und mich in das Thema Online-Marketing eingearbeitet. Hat mir dabei mein duales BWL Studium maßgeblich geholfen? Nicht wirklich! Das hätte ich auch vor 3 Jahren, direkt nach der Schule hinbekommen. Natürlich solltest Du auch Interesse für betriebswirtschaftliche Zusammenhänge mitbringen und bereit sein, Dich in Themen wie Steuern, Buchhaltung und Unternehmensformen einzuarbeiten.

Wie spannend der Einstieg in die Selbstständigkeit schon für junge Menschen sein kann, zeigt unser Interview mit Jannis Thümmig. Jannis ist 22 Jahre alt, Entrepreneur im Bereich der Web-Entwicklung und des Online Marketings. Im Folgenden erfährst Du ein wenig über seine berufliche Laufbahn und seinen Werdegang.

Hallo Jannis, erzähl uns doch mal, wie es nach der Schule bei Dir weiterging.

Hi Matthias, um die ganze Thematik etwas einfacher zu gestalten, werde ich mich auf die groben Punkte beschränken, die mich zu meinen großen Entscheidungen gebracht haben. Ich habe im Jahr 2015 meine Ausbildung zum Fachinformatiker für Systemintegration beendet und anschließend die Berufs-Oberschule besucht, um mein Abitur nachzuholen. Doch der Besuch der Schule hielt nicht lange.

Bereits nach weniger als einer Woche habe ich die Schule verlassen und mich als Teilzeit-Arbeiter bei einem meiner Freunde anstellen lassen. Viele stellen sich jetzt sicherlich die Frage, aus welchem Grund ich so eine tiefgreifende Entscheidung getroffen habe, aber das ist verhältnismäßig einfach zu erklären: Ich will lediglich Dinge lernen, die ich für relevant hinsichtlich meines Werdegangs halte. Der Nutzen der dort angebotenen Informationen fällt in meinem Bereich leider sehr gering aus.

Wann hast Du den Schritt in die Selbstständigkeit gewagt?

Den Schritt in die Selbstständigkeit habe ich mit 20 Jahren gemacht, allerdings zuerst als Nebengewerbe. Noch am Tag meiner praktischen Prüfung der Ausbildung zum Fachinformatiker für Systemintegration habe ich mein Gewerbe angemeldet. Dies war der Start in eine für mich neue Welt. Ich werde häufig gefragt, ob ich denn einfach blind in das Geschäft eingestiegen bin. Ich kann euch sagen, dass der Einstieg keineswegs unvorbereitet erfolgte. Bereits zur Halbzeit meiner Ausbildung habe ich angefangen, mir nebenbei alle nötigen Skills für eine Selbstständigkeit beizubringen: Buchhaltung, Rechtsangelegenheiten, Versicherungen usw. Gleichzeitig habe ich versucht, potentielle Kunden zu akquirieren. Im März 2016 bin ich dann offiziell in die Selbstständigkeit eingestiegen. Zu diesem Zeitpunkt habe ich mich erstmals bereit gefühlt, mit meinem aktuellen Wissen selbstständig zu arbeiten und dafür auch die volle Verantwortung zu tragen. Im Jahr 2017 habe ich bereits weitere Unternehmen gegründet, welche sich auf unterschiedliche Bereiche spezialisieren.

Wie hat Dein Umfeld reagiert? Haben Dich Deine Eltern in Deinem Vorhaben unterstützt?

Am Umfeld selbst ändert sich so gut wie nichts, dafür aber umso mehr an der eigenen Person, denn man passt sich natürlich völlig an die Arbeitsanforderungen und sein neues Umfeld an (Was glücklicherweise überhaupt kein schlechter Faktor ist). Mit Sicherheit hätte ich auch seitens meiner Eltern Unterstützung bekommen, aber das lag nicht in meinem Interesse. Ich lebe nach dem eigenen Motto – „Beginne stets bei 0%, um das Maximale aus deinem Engagement zu schöpfen".

Wie hast Du Dir das notwendige betriebliche Know-how und die erforderlichen Informatik-Skills angeeignet?

Wie bereits beschrieben, lege ich viel Wert auf persönliches Engagement. Ich habe mir alles weitestgehend selbst beigebracht durch Lesen von Büchern, Online-Kurse, Videos und alles, was ich sonst noch gefunden habe. Natürlich sind auch diverse Kenntnisse aus meiner Ausbildung eingeflossen.

Was machst Du genau, wie verdienst Du momentan Dein Geld als Selbstständiger?

Mein Geld verdiene ich mit diversen Themen, die sich wirklich rund um das Thema Online Marketing, sowie die Webentwicklung drehen. Durch mein großes Netzwerk bin ich in der Lage, alle Bereiche abzudecken. Für die Erstellung von Webseiten und deren Weiterentwicklung, die Vermarktung von Produkten usw. habe ich Zugriff auf Spezialisten, die mit mir projektweise zusammenarbeiten

Was macht Dich so erfolgreich? Welche Eigenschaften sollten junge Menschen mitbringen, wenn sie ein eigenes Business starten wollen?

Erfolg macht für mich drei Dinge aus: Qualität des Endergebnisses, Vertrauen der Kunden in die eigene Leistung, sowie deren Rentabilität. Werden diese Eigenschaften erfüllt, kannst du mit Sicherheit davon ausgehen, dass du Erfolg haben wirst.
Für den Start gibt es sehr viele Dinge, die wichtig sind. Einige davon kann man vorab lernen, sehr viele erst währenddessen. Um aber überhaupt eine Basis aufzubauen und starten zu können, ist eine sorgfältige Vorbereitung sowie Durchhaltevermögen gefragt. Gerade am Anfang ist es schwer sich am Markt zu etablieren, was einen starken Willen und Durchhaltevermögen erfordert.

Du würdest Dich selbst als Digitaler Nomade beschreiben. Was zeichnet für Dich diesen Lifestyle aus und was gefällt Dir so gut daran?

Das Nomadenleben beschreibt in diesem Fall natürlich vorrangig das Reisen, was auch einen großen Teil meines Business ausmacht, da ich ortsunabhängig arbeiten kann. Morgen fliege ich beispielsweise nach Barcelona und werde dort auf unbegrenzte Zeit bleiben. Was danach kommt, ergibt sich spontan. Eventuell reise ich direkt weiter nach Thailand oder in Richtung Silicon Valley. Am meisten gefällt mir hieran das Verbinden mit anderen Digitalen Nomaden und die ständige Abwechslung.

Wie sieht Dein typischer Arbeitsalltag aus?

Arbeiten, essen und trainieren. Für mehr ist höchstens am Wochenende Zeit. Dies ist allerdings auch keine gängige Einstellung in diesem Business. Ich selbst bin sehr stark motiviert und interessiert an dem was ich tue. Es gibt durchaus Tage, an denen ich 16 Stunden arbeite und dabei die Mittagspause vergesse. Meistens vergehen für mich selbst 16 Stunden wie im Flug.

Wie viele Wochen und Monate im Jahr kannst Du wirklich verreisen?

Theoretisch könnte ich gehen und nie wiederkommen. Praktisch pflege ich aber natürlich meinen Freundeskreis und meine Familie, welche mich immer wieder in bekannte Gebiete zurückbringt.

Hattest Du damals Zweifel, in die Selbstständigkeit zu starten?

Ganz klar: Ja. Die Zweifel ob etwas funktioniert werden immer da sein, ja sie sind sogar gerechtfertigt, ebenso wie die Dauer des Erfolges, denn das technische Business ist flüchtig. Wichtig ist, dass man sich dessen bewusst ist und man weiß, dass es keine Sicherheit gibt. Für mich ist immer klar gewesen, dass ich mich ständig weiterentwickeln, Trends und technische Entwicklungen verfolgen und ein Leben lang lernen muss. Für mich persönlich ist das kein Problem, weil mich genau das so fasziniert an meinem Job.

Wie lange hat es gedauert, bis Du Dir selbst Deinen Lebensunterhalt verdienen konntest? Wie hast Du Dich in schwierigeren Zeiten über Wasser gehalten?

Gleich nach dem Umstieg von meinem Nebengewerbe auf das Hauptgewerbe habe ich meinen Lebensunterhalt selbst bestritten. Natürlich war mir damals ein gewisses Maß an Sicherheit wichtig, weshalb ich vorher versucht hatte möglichst viel zu sparen, um die ersten Monate überbrücken zu können. Selbst dann, wenn alles gut läuft, lassen die ersten Einnahmen auf sich warten! Gerade zu Beginn ist es wichtig, sich eine Rücklage zu bilden.

Welche beruflichen Ziele hast Du Dir noch gesteckt?

Weiterbilden, neue Ideen ausbauen und niemals aufhören. Wenn man einmal selbstständig ist, möchte man nicht mehr zurück.

Vielen Dank für das spannende Interview, Jannis!

Über den Autor

Matthias Engelman, B.A.
Berufscoach, Karriere-Navi.de

Vor wenigen Jahren war ich vermutlich in derselben Situation wie Du.
2013 befand ich mich in meinen Abschlussprüfungen. Ich hatte Druck und Stress, gute Noten zu schreiben. Gleichzeitig plagte mich ständig die Angst, dass ich nicht den passenden Studiengang und den richtigen Job finde. Nachdem ich viele Dinge ausprobiert hatte, die mir nicht direkt weitergeholfen haben, bin ich auf meine Lösung gestoßen.

Inzwischen habe ich mein Bachelorstudium sowie eine Coaching-Ausbildung abgeschlossen und eine ganz persönliche Herangehensweise entwickelt, um die Herausforderung „Berufswahl“ perfekt zu meistern. Auf Anhieb habe ich den passenden Studiengang und meinen Wunschberuf gefunden.
Mit dem Projekt "Karriere-Navi" habe ich mir zum Ziel gesetzt, Schüler und Studenten dabei zu unterstützen, einen Beruf zu finden, auf den sie einfach Bock haben. Ich möchte ihnen den Berufseinstieg so einfach wie möglich gestalten – aber so, dass es passt – von Anfang an!
Meine eigenen Erkenntnisse und die Erfahrungen aus persönlichen Berufscoachings gebe ich vor allem in Form von Büchern, Vorträgen und Online-Video-Kursen weiter.

An dieser Stelle lade ich Dich herzlich ein, unserer Community auf Facebook beizutreten. Abonniere unseren YouTube-Channel für wöchentliche Karrieretipps und Infos rund um die Berufswahl.
Mach Dein Ding – jetzt!

Literaturverzeichnis

Allensbach-Institut (2014), Schule und dann?, Online im Internet: http://www.ifd-allensbach.de/studien-und-berichte/veroeffentlichte-studien.html

Birkhahn, Thomas/ Reyss, Alexander (2009), Kraftquellen des Erfolges – Worauf es im Leben wirklich ankommt und wie Sie die 16 Lebensmotive im Alltag nutzen, 2009.

Deutsches Zentrum für Hochschul- und Wissenschaftsförderung, Die Entwicklung der Studienabbruchquoten an deutschen Hochschulen, Online im Internet: http://www.dzhw.eu/pdf/pub_fh/fh-201404.pdf.

Fux, Simone Joerin (2005), Persönlichkeit und Berufstätigkeit - Theorie und Instrumente von John Holland im deutschsprachigen Raum, Göttingen, 2005.

Herrmann, Dieter/ Verse-Herrmann, Angela (2007), 1000 Wege nach dem Abitur –So entscheide ich mich richtig, Frankfurt am Main, 2007.

Herzberg, F. (1968), One more time – How do you motivate employees?, In: Harvard Business Review, Vol.46.

Reichel, Tim (2016), Bachelor of Time - Zeitmanagement im Studium, Aachen, 2016.

Schmitz-Gümbel, Eva/ Wistuba, Karin (2008), Erfolgreich zum Traumjob - Coaching zur Berufswahl für Eltern und Schüler, Wien, 2008.

Statista, Online im Internet: http://de.statista.com/statistik/daten/studie/257419/umfrage/vertragsloesungen-bei-berufsausbildungen-in-deutschland/ .

Westphal, Beate (2010), Eigentlich wär ich gern... – Wie Sie ihre Talente zum Traumjob machen, 2010.

Notizen

ISBN 978-3-7450-5813-0
9 783745 058130 00001
www.epubli.de